MEJORE SU ECONOMÍA Y SUS FINANZAS PERSONALES

Desarrolle hábitos para superar crisis financieras y escalar económicamente

Sobre el autor

Mi nombre Daniel Murillo Arias, soy un costarricense egresado de la Escuela de Administración de Negocios de la Universidad de Costa Rica.

Desde mi infancia observé como mis padres que eran funcionarios públicos de clase media administraban el dinero, siempre cuidándose de los gastos superfluos, siempre evitando endeudarse más de lo necesario. Fue así como lograron sacar a su familia adelante sin lujos pero sin problemas como cobradores llamando o visitando la vivienda.

Al llegar a la universidad aprendí como las empresas cuidan sus finanzas; pero fue para mí un gran descubrimiento el saber que muchas veces contadores, administradores y expertos en finanzas manejan mal su propio dinero a pesar que muchos de ellos reciben exuberantes salarios.

Fue Así como empecé a analizar la administración personal del dinero, descubrí los erros más comunes y los hábitos que todos debemos desarrollar. Entonces me convertí en *coach* de finanzas personales y con la experiencia aprendida escribí este libro que espero le sea de gran ayuda.

Si tiene dudas o cometarios sobre el libro y su contenido, así como si encontrara algún error en él, o si quiere contratar asesoría personal, o le interesa que vaya a dar una charla a su empresa puede contactarme a la siguiente dirección de correo electrónico:

danielmurilloarias@yahoo.es.

Muchas gracias.

Contenido

3

Introducción

El manejo del dinero a nivel personal y familiar es siempre un aspecto complicado para la mayoría de los seres humanos de cualquier nivel socioeconómico. Una frase que se escucha con frecuencia es "a nadie le sobra la plata" y mi apreciación basada en las personas que conozco y con las que he hablado sobre dinero es que dicha afirmación es cierta, a nadie parece sobrarle el dinero. Quizá solamente las personas ricas que pueden gastar sin límite alguno sean quienes tienen dinero de sobra, pero a la vez son quienes más se desviven por conseguir más y más, y pasan mucho tiempo metidos en negocios con tal de incrementar sus ingresos.

No estoy escribiendo estas líneas para juzgar a nadie por trabajar poco o mucho, por saber hacer negocios o simplemente arreglárselas para llegar a fin de mes; solo trato de presentar el panorama. Quienes saben obtener grandes beneficios haciendo negocios probablemente sacarán poco provecho de este libro, pues es evidente que saben más sobre dinero y cómo administrarlo que la gran mayoría de las personas. Pero si usted pertenece a la clase media o baja y pasa gran parte de su tiempo preocupado pensando cómo hacer para salir adelante y solventar sus gastos estirando su dinero y en ocasiones ve que no hay forma, entonces lo invito a leer este libro y reflexionar sobre las ideas aquí expresadas. Puedo comprometerme a decirle que si lee con calma este libro y toma los consejos en él expuestos, usted alcanzará un equilibrio en sus finanzas, logrará un verdadero respiro y le permitirá ir mejorando su economía.

La situación de cada quien es distinta, hay miles de variables en las finanzas de las personas y las familias, por tanto usted encontrará aspectos de este libro que considere no se ajustan a su vida, pero habrá otros con las que se sentirá tan identificado que quizá hasta piense que lo he espiado para escribir sobre su caso.

Vamos a empezar suponiendo que usted es una persona que tiene un trabajo, por tanto tiene un ingreso, probablemente tenga una familia, y tal vez una pareja e hijos. Es casi seguro que usted vive en una casa por la cual debe pagar, ya sea un alquiler o una hipoteca. Podemos imaginar que tal vez tenga un automóvil y electrodomésticos, aunque es posible que a su criterio sea necesario cambiar algunos de ellos por otros nuevos dado que ya están en tiempos extra, o la casa de la que hablamos necesita arreglos. Además de que mes a mes se le presentan una serie de gastos de los cuales le es imposible escaparse como lo son los servicios de agua, luz, comida, transporte, etcétera. Todo lo anterior involucra dinero, y muchas decisiones por tomar. Y como dijimos el dinero no sobra, por el contrario escasea ¿Qué hacer si se termina el dinero y faltan compras por realizar y pagos por hacer?

En este libro iré exponiendo diversas ideas sobre: ahorro, deudas, hábitos de consumo y otros que le ayudarán a tomar mejores decisiones. Si adopta los consejos adecuados poco a poco irá observando como cada vez el panorama se ve menos complejo y la posibilidad de alcanzar una vida menos ajustada económicamente se vuelve una realidad. Pero le aclaro de una vez que no hay fórmula mágica para hacerlo, lo que debe hacer es esforzarse y luchar mucho para ser perseverante en el camino correcto.

Este libro fue escrito en Costa Rica y presenta ejemplo en colones ya que es la moneda nacional, también menciona algunos pocos aspectos propios de la realidad del país. Pero la gran mayoría de su contenido es aplicable en cualquier país que no sea comunista, además está pensado en la realidad latinoamericana e incluso en varios momentos hace mención a otros países de la región.

Generalidades sobre dinero, economía y finanzas

Formalmente el dinero y sus variables son estudiados en dos ramas de la ciencia, estas son la economía y las finanzas. Ambas son carreras universitarias donde se estudian muchos factores como intereses, inflación, impuestos, gastos, ingresos, etcétera. No es necesario sacar una licenciatura en ambas carreras para aprender a manejar nuestro dinero, pero sí es necesario conocer algunos aspectos básicos que iremos viendo en este libro. En primer lugar buscaré presentar en forma sencilla la diferencia entre economía y finanzas.

La economía es toda una rama que estudia la generación del dinero y su movimiento, para ello ve las variables capital, trabajo y tierra utilizadas en la producción. Al concentrarnos en la economía familiar y personal en este libro estudiaremos sobre el capital, o sea cuanto tiene usted en ahorros, su salario, etcétera. El trabajo es su capacidad de producir. La variable tierra a excepción que sea agricultor o ganadero casi nunca aplica para el aspecto personal.

Las finanzas son aspectos más sencillos de comprender y aunque implican una cantidad importante de variables, se concentran en estudiar un aspecto muy básico: el efectivo. La economía abarca toda la sociedad, las finanzas se preocupan de una empresa o familia específicamente. Los gobiernos tienen un ministerio de economía para controlar todo el país, pero no hay ministerio de finanzas, de estas se encarga el ministerio de Hacienda. Las empresas tienen departamento financiero pero no hay algo como un departamento económico.

Retomemos el estudio de las finanzas que se centra en los flujos de dinero, más en concreto del efectivo. El efectivo tal y como usted lo sabe, es fundamental para poder hacer pagos y comprar productos ¿Qué pasa si en una compañía o en una familia cierto día se termina el efectivo y hay un pago por realizar? Solo hay dos opciones, o se busca conseguir el dinero o el pago deja de realizarse con las implicaciones que eso puede acarrear como intereses, multas, demandas, desprestigio etcétera.

Una persona podría estar económicamente bien pero financieramente mal y viceversa. Pero hasta el momento pueda que usted siga sin comprender la diferencia de economía y finanzas, vamos a ver un par de ejemplos para aclarar.

Maritza es dueña del restaurante la "Fonda feliz", ella tiene una empresa con cédula jurídica que es dueña de la propiedad donde está dicho restaurante, todo el mobiliario de la cocina y todas las mesas del salón suman varios millones, en su bodega hay almacenados suficientes alimentos para poder operar por lo menos un mes sin abastecerse. Doña Maritza logró el año pasado terminar con la hipoteca que treinta años atrás había sacado y no tiene más deudas. El restaurante tiene una clientela establecida bastante fiel, que además crece constantemente. Por todo lo anterior podemos afirmar que doña Maritza está bien económicamente, pero mañana debe pagar la planilla de sus empleados y sumando la cuenta bancaria con el dinero de la caja no hay suficiente dinero para hacer frente a dicho compromiso. Podemos decir que hoy doña Maritza tiene un problema financiero.

Por otro lado, Esteban tiene un trabajo mal pagado, alquila un apartamento, no tiene carro ni nada de mucho valor, pues aunque hace un tiempo pagó mucho por un celular y una pantalla, si quisiera venderlos hoy no recibiría ni un 10% de lo que le costaron. Lo que si tiene es una tarjeta de crédito que en ocasiones "lo salva" pero todos los meses lo pone a sufrir con los pagos, tiene que hacer malabares todo el tiempo para salir adelante. Pero hoy Esteban recibió una recompensa monetaria porque encontró un perro perdido en la calle. Esteban camina feliz con cien mil colones extra en su bolsa, no sabe qué hacer con dicho dinero ¿Aprovechar para comprar cosas que necesita, abonarlos a la tarjeta, irse de fiesta? Esteban económicamente no se encuentra en una buena situación, pero justo hoy está bien financieramente pues lo que tiene en la bolsa es un excedente del que puede disponer a voluntad.

El ideal de todos es estar muy bien económica y financieramente. ¿Cómo lograrlo? No es una tarea sencilla y cada uno parte de un punto distinto pues nuestras realidades son muy diferentes, además conlleva mucho trabajo y sacrificios. Pero si usted realmente se plantea como meta superar su situación lo puede lograr, hallando el camino correcto y permaneciendo en el mismo logrará ver la luz.

Las clases económicas

Todos hemos oído hablar de tres clases económicas, la alta, la media y la clase baja. Hay muchas teorías de porqué existen estas clases, que los separa y como reducir las diferencias. El capitalismo formula que las personas de clase alta han sabido hacer dinero, las de clase media van en el camino de hacerlo y "les desea" a los de la clase baja puedan pronto hacer su propio dinero, pero no les ofrece una forma real o sencilla de salir adelante.

Las teorías comunistas tratan sobre explotación de la clase alta hacia la baja y propone la famosa lucha de clases y la desaparición de la propiedad privada. Yo personalmente entiendo la filosofía comunista como repartir pobreza por igual para todos.

Muchas obras se han escrito sobre las tres clases sociales, los sociólogos y los economistas tienen sus teorías para definirlas y determinar quiénes están en cada clase. Yo tengo una forma algo simplista pero muy práctica de definir a cada una y a través de lo expresado en este libro propongo mis ideas de cómo subir en los escalones que tiene esta escalera que se puede subdividir de la siguiente forma:

Magnates

Clase alta

Clase media alta

Clase media

Clase baja

Pobreza extrema

Trato de ser muy realista en este libro y de ninguna manera voy a prometerle a nadie que con pocos pasos subirá desde la pobreza extrema hasta ser un magnate, eso no es sensato a pesar de que haya ejemplos reales en la historia de personas que lo han hecho. En este libro propongo una serie de pasos para que, desde donde usted se encuentre pueda hacer un gran esfuerzo y después de un periodo que podría incluso tomar varios años, usted logre alcanzar la estabilidad económica que se puede mantener en el tiempo, esa estabilidad que se permiten quienes están en la clase media alta.

Yo defino las clases de la siguiente forma:

- **Magnates:** son pocas las personas en la tierra, que entran en este rango, tienen muchos más recursos de los que realmente necesitan. Son extremadamente poderosos y con su dinero casi no tienen límites en la sociedad. Con sus fortunas se podría sacar a delante a los países más pobres de la tierra.

- **Clase alta:** son personas sin limitaciones económicas, sin importar la edad que tengan podrían retirarse y dejar sus negocios en manos de terceros y así por ejemplo dedicarse a viajar alrededor del mundo, pero muy pocos de ellos hacen algo así porque añoran más y quieren llegar a convertirse en el mayor de los magnates. Normalmente son empresarios dueños de grandes empresas y saben leer los mercados bursátiles así que pueden multiplicar sus fortunas constantemente.

- **Clase media alta:** la persona que a mi criterio puede ser catalogada como de clase media alta pudo haber llegado ahí por muchas formas, desde ganar la lotería hasta tener la suerte de encontrar oro enterrado en su propiedad, aunque la gran mayoría alcanzan este nivel socio económico gracias a mucho trabajo y esfuerzo. Sin importar como hayan llegado a esta clase, solo quienes hayan aprendido a manejar su economía y sus finanzas pueden mantenerse en ella a través del tiempo. Mi teoría es que precisamente quienes aprenden a tener buenos hábitos económicos y financieros pueden crecer hasta ubicarse en esta categoría y mantenerse en ella por el resto de su vida, que es el verdadero reto pues si las personas no toman las decisiones adecuadas perderán su dinero con facilidad.

En mi criterio una persona pertenece a la clase media alta si mantiene las siguientes condiciones como mínimo:

o Tiene una casa propia que ya pagó en su totalidad.

o No tiene deudas a nivel personal, aunque quizá sus negocios pueden tener créditos de tipo apalancamiento (en el capítulo sobre deudas profundizaremos en esto).

o Tiene un ingreso estable que es al menos el triple del salario mínimo; para lograrlo lo común es que la persona ha tenido que pasar por un camino de crecimiento que involucra estudio, trabajo y ahorro que se verán más adelante en este libro.

o Sus ingresos son mayores a sus gastos. Si esto no se cumple será imposible poder ahorrar y menos mantenerse sin deudas.

o Tiene un control bastante estricto sobre sus movimientos financieros, se rige por presupuestos y casi nunca hace compras o pagos o toma decisiones económicas o financieras al azar.

o Tiene inversiones, ya sea en uno a varios negocios o en diferentes instrumentos financieros en el mercado.

o Tiene preparación para eventualidades personales que pueden golpear la economía de cualquiera, por ejemplo poseen seguros para casos de incendios, robos, muerte, etcétera. También con sus ahorros prepara proyectos para el futuro al punto de que muchos incluso tienen planes comprados en funerarias y un nicho en el cementerio.

• **Clase media:** Esta categoría suele ser engañosa, muchas personas creen pertenecer a la clase media pero están parados en ella sobre bases de vidrio que pueden quebrarse en cualquier momento y caer inevitablemente en la clase baja. Otras personas por el contrario llegan a la clase media a través de buenos hábitos escalando desde la clase baja y dentro de algún tiempo podrán alcanzar la añorada clase media alta. Algunas características de quienes están en la clase media son:

o Viven en una vivienda digna. En la mayoría de los casos utilizan una gran parte de su ingreso mensual para mantenerse en ella, sea pagando una hipoteca o alquiler, pero aunque les cueste logran hacerlo.

o Tienen un ingreso estable, sea salario porque trabajan para otra persona o porque tienen algún negocio propio.

o Puede permitirse ciertos bienes que vistos desde la clase baja son lujos pero que pueden considerarse necesidades básicas como: vacaciones, vehículo, muebles, electrodomésticos y otros aparatos electrónicos.

o Puede pagar por educación para ellos mismos o sus hijos y con justa razón tienen su esperanza en que esta educación les permita salir adelante.

Muchas personas cumplen con las condiciones anteriores, pero manejan niveles de deudas muy altos que amenazan con comprometer su estabilidad a futuro o no tienen preparación para eventualidades, por estas razones puede que su piso de vidrio se quiebre.

Creo que ninguna persona se mantiene en la clase media por toda su vida, dependiendo de muchos factores logrará subir a la media alta o caerá a la baja. Incluso he conocido personas que varias veces a lo largo de su vida se han movido entre estas tres categorías. Tal y como ya lo he expresado, una correcta actitud ante los temas económico financieros son los que permiten subir y mantenerse más arriba en la escalera de las clases, evidentemente un mal manejo de estas materias son las que hacen caer de categoría a las personas.

- **Clase baja:** las personas de la clase baja viven en pobreza. Con algo de suerte tienen una vivienda la cual está en malas condiciones y con dificultad el refugio les da la protección básica que todos necesitamos. Normalmente tienen baja escolaridad, sus ingresos no son fijos, muchos viven en el subempleo y tienen una economía de subsistencia. Esto se entiende como que día a día deben ganar algo para poder comer. Sin ayuda de otras personas e instituciones cuesta mucho salir de la clase baja, sin embargo la ayuda externa puede no servir de nada sin una buena actitud y mucho sacrificio que es lo que realmente permite a las personas superar esta condición. De hecho tengo familiares cercanos que salieron de la clase baja y han logrado mantenerse en la clase media alta debido a todos los sacrificios que decidieron hacer pues ellos estudiaron, se convirtieron en profesionales y trabajaron arduamente, ahorraron mucho y controlaron su consumo. Mis teorías al escribir este libro se basan en gran parte en el ejemplo real que he visto en ellos y como en un periodo de más de 50 años de esfuerzo y auto superación han logrado subir y mantenerse.

- **Pobreza extrema:** lamentablemente hay millones de ellos en el mundo. Son las personas que viven al límite y a diario pasan hambre, dependen de "la suerte" para conseguir algo de comer o algo para vestirse. Los indigentes también llamados sin techo, personas que viven en barrios llamados tugurios, favelas, guetos, inmigrantes que cruzan fronteras con nada más que unas pocas ropas pertenecen a esta clase. Para muchos de ellos unos cartones en una acera o un rancho de bejucos son, en muchos casos lo único que tienen. Es una gran deuda para la sociedad sacar a las personas de esta condición. Quienes logran por su cuenta salir de la miseria son grandes héroes, más aun por el hecho que muchos de ellos están enfermos física y psicológicamente. Aprovecho este punto para llamar a la reflexión y motivarle a usted para que sin importar en cuál de los seis niveles superiores se encuentre, recuerde que siempre hay personas en peores condiciones que necesitan de nuestra solidaridad. Ayudar a estas personas va más allá de darles algún dinero, de hecho esto puede ser perjudicial si ellos tienen alguna adicción, lo correcto es trabajar por medio de organizaciones especialidades que atienden de forma integral las necesidades reales de estas personas. Recuerde *"quien no vive para servir, no sirve para vivir" (Juan Bosch)*

Estudio, trabajo y principalmente ahorro

Siempre he creído que existen tres pasos para salir adelante económicamente, estos son:

- A. Estudiar
- B. Trabajar
- C. Ahorrar

A. Estudiar: cuando hablamos de estudiar siempre pensamos en niños, adolescentes y personas jóvenes. Pero esto es un mito que debemos superar pues el estudio no es una actividad para la juventud únicamente. Hay personas que por tener más de cuarenta años piensan que estudiar es algo terminado en su vida; ya fuera que estudiaran mucho o poco, piensan que ya es tarde para seguir haciéndolo. Pero hoy en día es fundamental para cualquier persona continuar aprendiendo. Estudiar no solo involucra la escuela y la universidad, hay muchas formas de aprender, ya sea llevando cursos libres, revisando tutoriales en internet, o leyendo libros. De hecho leer y aprender de este libro es una forma de estudiar, en este caso aprender a manejar mejor la economía y las finanzas.

Un aspecto muy importante del estudio es que permite obtener conocimientos y habilidades que son el activo más importante que pueda tener cualquiera. Una persona podría por una situación extrema perder todos sus demás activos como pueden ser casas, carros, muebles, máquinas, herramientas etcétera, pero si la persona aún mantiene sus conocimientos y habilidades podrá recuperar las otras cosas que perdió. Este tema lo retomaremos en la sección sobre crisis económicas.

B. Trabajar: Este paso es muy obvio para la mayoría de las personas, cualquiera que sea honrado conoce el valor del trabajo. Pero es sabido que los niveles de desempleo hoy en día son altos, y muchas personas no cuentan con un trabajo que les dé sustento a sus familias. El estar desempleado o empleado en un trabajo de malas condiciones de los que llaman subempleo es desmotivante; pero si la persona en esta situación logra enfocarse bien puede que encuentre en su disconformidad una estimulación para salir adelante, ya sea preparándose para obtener un empleo o generarse una fuente de autoempleo.

El autoempleo es una forma en la que las personas generan trabajo para sí mismas. Muchas personas han empezado emprendimientos que les permiten sustentarse una vida mejor a la que tenían antes. No voy a tratar de tapar el sol con un dedo y decir en estas líneas que toda persona que se motive será capaz de tener una empresa próspera desde el primer intento, muchos han fracasado en su afán por tener su propio negocio. Crear un emprendimiento exitoso es tema para todo un libro, o más bien toda una biblioteca y por tanto no profundizaremos sobre dicho aspecto en este escrito. Pero no puedo dejar de comentar que muchos negocios nuevos han cerrado sus puertas prematuramente debido a que sus dueños no han sabido cómo manejar las finanzas y han llevado a una quiebra anticipada sus empresas. De tal modo que si usted tiene o piensa tener su propio negocio es fundamental que aprenda a manejar su propia economía para que no se sabotee a usted mismo en su afán de emprender.

También es importante que confie en sí mismo y en sus habilidades, descubra cuáles son sus talentos y explótelos, póngalos a su servicio y el de su familia. Muchas personas con diversas capacidades no las valoran y regalan su trabajo. En una película popular uno de los personajes dice "si eres bueno en algo nunca lo hagas gratis" me parece una buena política que las personas pueden aplicar a no ser que fuera por un voluntariado o una pasantía.

¿Ha pensado si hay alguna actividad que usted realiza que le puede generar ingresos extra o podría incluso ser su principal fuente de ingresos? Ese pasatiempo que usted tiene pueda que sea la opción adecuada para empezar a ganar dinero.

C. Ahorrar: En este libro nos concentraremos en este apartado, el ahorro. Muchas personas de primera entrada ante la palabra ahorro piensan en prejuicios como:

"eso no es para mí",

"yo no tengo capacidad de ahorrar",

"no me alcanza la plata ni para los gastos, menos para ahorrar".

El salir adelante financieramente es parecido a bajar de peso, todo mundo sabe bien lo que tiene que hacer. Para bajar de peso hay que comer bien y hacer ejercicio, para salir adelante financieramente hay que superar las deudas y tener ahorros. Pero de las palabras a las acciones hay todo un trecho por recorrer.

Para profundizar en el tema del ahorro debemos primero superar esos mitos:

- *Ahorrar es sinónimo de tacañería.* Este pensamiento viene de la cultura del despilfarro. Muchos crecemos en una sociedad que critica la tacañería como un desvalor, y nos presenta la generosidad y el desprendimiento económico como los valores que contrarrestan "la mala actitud" de ser tacaño, de tener dinero y no querer gastarlo. De este pensamiento viene otro mito:

- *La plata es para gastarla.* La teoría económica nos indica que el dinero tiene tres funciones, estas son:

  - **para intercambiar bienes y servicios** Esta función la comprendemos con facilidad, significa que el dinero es para comprar y para vender.

  - **para comparar el valor** aquí es donde algunos comienzan a perderse ¿Cuáles son sus hábitos de consumo? ¿Compara usted precios, sabe distinguir el valor de un producto en comparación al de otro? Retomaremos este tema en el capítulo sobre hábitos de consumo.

  - **Para retrasar el consumo** Esto significa ahorrar. En la época del trueque el retrasar el consumo no podía realizarse.

Imagine que usted era una costurera, y por una blusa alguien le ofrecía cinco docenas de huevos, usted consideraba que era un trato justo y aceptaba los huevos ¿Ahora qué tiene que hacer con ellos? Pues si lograba tener suerte quizá podría cambiar un par de docenas por algo que estuviera necesitando, como un poco de harina, pero muy probablemente tendría que comerse junto a su familia las cinco docenas de huevos en los próximos días antes de que estos se pusieran malos. Por fortuna se creó el dinero que fue todo un proceso muy largo y complejo, entonces ahora una costurera por una blusa pone un precio quizá ₡7.000. Al vender la blusa toma el dinero y compra exactamente lo que necesita, en nuestro ejemplo un kilo de harina y una sola docena de huevos (no cinco) que en la tienda costarían ₡2.000 ¿Qué debe hacer la costurera con los ₡5.000 restantes? Muchas personas rápidamente gastarían el dinero como si este se fuera a poner malo por no usarlo (en la actualidad son monedas como dólares, colones, pesos, etcétera. no huevos como los de la costurera de la época del trueque) e ignoran la tercera función que tiene el dinero y que las personas con finanzas saludables y economías fuertes hacen: **posponer el consumo.**

Volvamos al ejemplo pero en una escala un poco más grande. La costurera pasa quince días trabajando y logra cobrar ₡250.000. Después de ir a la tienda y comprar los víveres y pagar los recibos tiene un sobrante de ₡50.000 Entonces ella los deposita en el banco y los deja ahí generando intereses. La próxima quincena después de hacer las compras y los pagos rutinarios deja ₡30.000 en el banco; en la siguiente serán ₡70.000. Y llega el día de hoy en el que encuentra una promoción de microondas con un 40% de descuento, entonces ella que tiene más de dos meses de haberte tomado la decisión de cambiar su microondas acude a su cuenta bancaria donde en vez de tener los ₡150.000 que ha depositado tiene ₡151.000 por los intereses. Compra su electrodoméstico y continúa trabajando, haciendo pagos y posponiendo el consumo para el futuro, para ocasiones que han pasado por un proceso de análisis e incluso días de reflexión.

¿Se parece la historia de esta costurera a la suya? ¿Ahorra usted aunque sea en pequeñas cantidades o es de las personas que si tienen algún dinero extra lo gastará?

Si necesita cambiar el microondas ¿podrá comprarlo en efectivo en el momento que encuentra una buena oferta, o tendrá que recurrir al crédito para comprarlo? Quizá el microondas se dañe dos días después de que usted aplicó su filosofía de "la plata es para gastarla" y por tanto salió a comprar con un poco de dinero extra que le quedó de la quincena un par de zapatos que realmente no estaba necesitando, pero que están "divinos" y por no haber pospuesto el consumo para ocasiones más importantes hoy no tiene cómo comprar el microondas que realmente está ocupando.

Un aspecto que quizá usted pensó mientras leía la historia de la costurera es en lo engorroso que pudo ser para ella ir cada quincena al banco a depositar sus pequeños excedentes. Pueda que tenga razón pero hoy en día es muy probable que esa costurera vendiera gran parte de sus productos y servicios con tarjeta o transacción bancaria, así que ella al igual que quizá le sucede a usted con su salario, tendría su dinero en su cuenta bancaría sin haber visto ni un solo billete ni haber ido a una sucursal. La tecnología puede facilitarnos el ahorro, pero ojo porque como "cuchillo de doble filo" también facilita el gasto, pues para nadie es un secreto que con el Smartphone a mano podemos en minutos gastar en internet todo nuestro dinero.

- *Solo pueden ahorrar los que tienen recursos:* Si esperamos superar los problemas económicos para empezar a ahorrar sería lo mismo que esperar estar en forma para empezar a hacer ejercicio, simplemente no se puede. Logra estar en forma quien empieza a ejercitarse y se mantiene en esta actividad a pesar de incluso llegar a enfermarse y sufrir, no quien quejándose de su sobrepeso y falta de condición envidia a la gente *fitness* del gimnasio. Pues exactamente igual que el gordo del gimnasio, logra tener recursos quien empieza a ahorrar, a pesar de que sea solo un poco de dinero, pues tiene muy comprometidos sus ingresos.

- *Yo ahorro* solo *cuando tengo un objetivo:* A muchos de nosotros nuestros padres intentaron enseñarnos a ahorrar, nos dieron una alcancía en forma de cerdito y poníamos en ella monedas para comprar algún juguete que añoramos y por el cual nos enseñaron a esforzarnos. Lo anterior está muy bien, pero parece que muchos no aprendimos a dar un segundo paso en los hábitos de ahorro.

Recuerdo muy bien escuchar en la universidad a un compañero decir *"ahorrar está bien, pero cuando hay una razón, pero ahorrar solo por ahorrar está mal"* Mientras él decía estas palabras yo recordaba el caso que un conocido estaba pasando en ese mismo instante, había tenido un pequeño accidente con el carro, nada grave pero necesitaba unos ₡70.000 para el deducible, y como no acostumbraba ahorrar ahora tenía que inventar de donde sacarlos.

Si este conocido "ahorrara solo por ahorrar", sin tener una meta como comprar una guitarra o un *playstation* nuevo o un viaje, hubiera podido perfectamente sacar el dinero para el deducible de sus ahorros, y continuar con su vida sin mayor preocupación por el pequeño accidente automovilístico.

- *¿Cómo voy a ahorrar si tengo deudas? Lo lógico será deshacerme de las deudas y luego ahorraré.* Lo anterior puede tener sentido en algunas ocasiones, por ejemplo una persona tiene pocas deudas y decide que en los próximos tres meses las cancelará y entonces ahorrará. Otra posibilidad es una persona que tiene un nivel de endeudamiento muy alto y por tanto hace todo un plan para estabilizarse, por tanto por un tiempo no contará con dinero para ahorrar pues todo excedente estará enfocado en reducir el nivel de endeudamiento. Pero si la persona no está realmente haciendo un esfuerzo por eliminar sus deudas y las utiliza como una excusa para no ahorrar, vivirá con problemas financieros y económicos toda su vida.

Otras personas tienen hipotecas a 30 años, incluso algunos a 45 años y si esperan a terminar con sus deudas para ahorrar se perderán muchos beneficios que el hábito del ahorro les hubiera traído.

Para ayudarle a definir si debe reducir su nivel de endeudamiento antes de empezar a ahorrar o no, puede dirigirse al capítulo llamado *deudas ¿Amigo o enemigo?*

Finalmente si usted logra empezar a ahorrar quizá esté dispuesto a dar el siguiente paso: la inversión. Tenemos también un capítulo donde abordamos ciertos aspectos básicos sobre invertir para que usted pueda guiarse mejor en el tema.

Ahorro programado

Una forma muy práctica de ahorrar es el ahorro programado. Las personas que trabajan en una empresa y tienen un ingreso fijo pueden acceder a estas formas de ahorro con facilidad. Una opción es programar los ahorros con el banco donde el dinero es depositado, otras personas pueden hacerlo en una cooperativa.

En Costa Rica existe el solidarismo que en pocas palabras es una asociación entre los trabajadores y su patrón, en la asociación solidarista los trabajadores pueden hacer un ahorro mensual de hasta un 5% y entonces el patrono les aporta un monto igual, otro 5%. En una empresa donde trabajé había asociación solidarista y por supuesto yo tenía mi plan de ahorro ahí. Yo no logro entender ese 5% aportado por el patrón de otra forma que no sea como un 5% de salario extra. Recuerdo algunos compañeros que no se asociaban y cuando les pregunté por qué no lo hacían, me decían que la asociación les rebajaba 5% de su salario, extrañado les expliqué que ese dinero no lo rebajaban, solo lo ponían en una cuenta de ahorro a la que se tenía acceso una vez al año o al salir de la empresa, pero para ellos no tenía valor que en un futuro pudieran acceder al dinero, ellos lo querían hoy. Entonces perdían el 5% de salario extra más los intereses que ese 10% iba acumulando, además de los dividendos que la asociación generaba y los repartía entre los socios a final de año. Otras personas si se asociaban pero solo porque entre las funciones de la asociación está prestar dinero, usualmente a tasas mejores que las del mercado.

Si bien es cierto que en algunas empresas las asociaciones solidaristas han quebrado por mala administración y los socios han perdido su dinero, lo normal es que las asociaciones funcionan muy bien y dan mucho provecho a sus miembros.

También entre el ahorro programado existen opciones para ahorrar con diferentes objetivos, entre estos están los clubes de viajes. Si usted tiene intención de hacer unas vacaciones por otro país puede optar por ahorrar con una de estas empresas, la principal ventaja es que el ahorro que muchas veces es deducido de su salario, se ajusta a las vacaciones que usted planea y que a la hora de tomarlas la agencia con sus conocimientos y experiencia logra reducir costos con los boletos aéreos, los hoteles, etcétera. La desventaja es que la agencia no trabaja gratis y lógicamente una parte de lo que cobran por el paquete es el porcentaje que ellos se dejan.

Hágalo usted mismo

Sin embargo existe otra forma de viajar más barato, que es hacer todo ese trabajo de campo por su propia cuenta, esto es buscar los vuelos más baratos, llamar a los hoteles usted mismo, etcétera. He conocido personas que por ejemplo han salido un mes para Europa, una vez que están allá buscan hoteles baratos y se instalan o con las nuevas plataformas tecnológicas pueden hospedarse no en un hotel sino en la casa particular de alguna persona que cobra mucho menos. Ya una vez que han llegado a la ciudad de destino entran a internet para buscar promociones de lugares como restaurantes y otras atracciones. Y constantemente están revisando los precios de los vuelos y los trenes; si de repente sale un boleto bien barato para otro país lo compran y hacen lo mismo en el nuevo destino. Al final se divierten un montón y gastan mucho menos que con una agencia. La desventaja con este sistema es que es mucho más desordenada, si la persona no puede ahorrar por su cuenta pueda que nunca logre tener el dinero para emprender el viaje, o una vez en la travesía corre el riesgo de no encontrar ninguna promoción y por el contrario pague todos los tiquetes y hospedaje mucho más caros.

Esto que acabo de describir en los viajes es una forma de autoservicio. El autoservicio puede aplicarse de muchas formas, hay personas que por pasatiempo hacen actividades como lavar el carro, cocinar, se cortan el pelo ellos mismos, hacen su ropa, etcétera. Con este tipo de pasatiempos pueden traer ahorros personales. Pero es importante que usted aprenda cuáles actividades puede hacer por su propia cuenta y cuáles es más conveniente contratar a un entendido, por ejemplo alguien podría intentar reparar el carro por sí mismo sin tener mayores conocimientos de mecánica y de esta forma además de perder un montón de tiempo que pudo administrar de otra forma más provechosa, termina gastando más porque puede que en vez de solucionar el problema origine otro y al final tiene que pagar al profesional por el arreglo de ambos problemas.

Lo importante es que usted encuentre una forma provechosa de hacer sus planes y resolver sus conflictos y recuerde que las diferentes metodologías de ahorro le ayudarán a lograrlo.

Más dinero no precisamente lo sacará del abismo, sino planeación y control

Muchas veces se piensa que el problema está en los pocos ingresos que se tienen. Las personas creen que si lograran un aumento de sueldo, un mejor trabajo o incluso ganarse la lotería saldrían de sus problemas. La verdad es que hay muchos ejemplos de quienes no superan sus crisis aún con mejores ingresos. He escuchado la frase: *"entre más gana uno, más gasta..."*

Recuerdo la llamada de un cliente a la financiera donde trabajé, él pidió un incremento en el límite de su tarjeta basándose en que le acababan de subir el sueldo. Analicemos el caso de este señor, el tipo tenía deudas y logró incrementar sus ingresos ¿Y qué hizo? ¿Utilizó sus nuevos ingresos para superar sus dificultades financieras? Pues no, por el contrario, él sintió que había alcanzado un nuevo estatus social, creyó que ahora era merecedor de un mayor nivel de consumo y por tanto pidió de inmediato un incremento en el límite de su tarjeta para poder consumir pronto todo lo que a su criterio merecía. Por increíble que parezca pero para la historia financiera del caballero en mención, hubiera sido mejor que nunca le incrementaran el salario.

Y con la lotería he escuchado cientos de historias, de hecho escribí un pequeño libro de cuentos sobre personas que ganaron y convirtieron dicha situación en una maldición para sus vidas. De ejemplo, para este libro mencionaré el hombre alcohólico que llegaba varias veces por mes a sacar millones de colones del banco para seguir en la celebración de haber ganado la lotería, hasta que un día el cajero tuvo que darle la noticia que no le quedaba sino menos de cien mil colones.

Como este caso es algo extremo, presentaré otro menos trágico pero igualmente negativo. Otro hombre ganó la lotería, compró una finca y comenzó a construir una gran casa con muy finos acabados, vendió su primera vivienda y continuó la construcción de aquella mansión, pero no le alcanzó para terminarla, entonces hipotecó la finca, y en menos de un año estaba trabajando mucho más que antes y ahora con la angustia de hacerle frente al pago del crédito mes a mes y el riesgo de no poder pagar perdiendo así todo lo que ganó con la lotería, lo que tenía desde antes y lo que llevaba tiempo agregándole.

Si la frase mencionada es su política "entre más uno gana más gasta" definitivamente estará envuelto en una especie de espiral que lo pondrá cada vez en una situación más comprometedora financieramente hasta que finalmente lo reviente.

¿Qué podemos hacer entonces para que con los ingresos que tengamos, tanto los actuales como otros mayores a los que todos anhelamos en el futuro nos sirvan de catapulta para crecer y no sean un arma que se nos vuelva en contra? La respuesta es la planeación y el control.

Presupuesto

Para poder planear y controlar necesitamos un presupuesto. Un presupuesto formal en una compañía lleva mucho trabajo de parte del departamento contable y financiero. Evidentemente un presupuesto familiar o personal tomará trabajo y esfuerzo, pero todos podemos hacerlo aún sin ser profesionales. Podrían bastarnos un cuaderno, un lápiz y una calculadora, aunque si utilizamos una computadora y algunas aplicaciones para el celular podrá resultar algo más sencillo.

Tal y como lo hemos mencionado en este libro, cada uno de nosotros tiene una realidad financiera distinta y debemos partir desde la misma para poder salir adelante, por tanto sería muy irresponsable de mi parte prometer que siguiendo una misma receta o serie de pasos todos lograremos los mismos resultados. Pero todos tenemos que empezar con el mismo paso: conocer cuál es mi realidad financiera económica.

El siguiente instrumento puede ayudarle para visualizar cuál es su condición y así determinar entre todos los consejos expuestos en este libro cuales son los que se adecuan a su realidad.

Pregunta	Sí	No
¿Solo soy yo responsable de mis propias finanzas? (vivo solo, soy soltero)		
¿Soy responsable o corresponsable de una familia? (caso típico de los matrimonios)		

¿Tengo un único ingreso? (salario, alquiler, pensión)		
¿Tengo más de un ingreso? (puede ser salario, alquileres, pago por trabajos adicionales)		
¿Tengo deudas?		
¿Tengo solo deudas formales como hipotecas o créditos bancarios para pequeños negocios?		
¿Tengo tarjetas de crédito?		
¿Tengo deudas informales como con prestamistas, amigos, etcétera?		
¿Estoy atrapado por mis deudas o las mantengo controladas?		
¿Tengo ahorros?		
¿Lucho para llegar al famoso fin de mes?		
¿Tengo muy claros todos mis gastos o a veces no sé en qué se me fue el dinero?		
¿Tengo inversiones?		

Para empezar a crear un presupuesto, le ayudará seguir los siguientes pasos:

• *Escriba cuáles son sus ingresos y el monto de los mismos.* Este paso puede ser ridículamente simple o por el contrario algo muy complejo. Si usted tiene un único ingreso como un salario lo escribe y listo. Ahora si tiene diferentes ingresos como en el caso de que venda a pequeña escala productos o servicios y que mes a mes sus ingresos varíen, y por tanto usted ignora cuál es el nivel real de los mismos dado que no lleva una contabilidad formal, le será más complicado seguir este paso. Le recomiendo que desde hoy mismo empiece a registrar todo lo que le ingresa y después de por lo menos tres meses usted podrá tener una idea del aproximado de sus ingresos. Otro escenario que puede complicar su presupuesto es el caso de las personas con el salario embargado; si este fuera su caso le recomiendo seguir con el presupuesto para que adelante este paso, pero en definitiva usted deberá tomar acciones más fuertes y concretas para poder poner en orden su situación financiera.

● *Haga una lista de los gastos que tiene.* Piense bien, trate de recordar todo lo que usted compra o consume con regularidad, y si acostumbra con frecuencia hacer gastos elevados que no son propios de la rutina debe calcular el monto que utiliza para este tipo de gastos. Evidentemente una vez que crea haber terminado continuará recordando cosas quizá por días. Si le es difícil determinar en qué gasta, lo que debe hacer es llevar una libreta con usted y apuntarlo todo, para que así después de unas semanas o meses pueda determinar cuáles son sus verdaderos gastos y el nivel de los mismos.

● *Clasifique sus gastos.* Una vez que tenga una lista de sus gastos clasifíquelos en tres categorías, puede ponerle un nombre a cada una o simplemente usar las letras A B C. En la categoría "A" apunte los aspectos más importantes, son los gastos que usted no puede eliminar. Ejemplos son los pagos del servicio eléctrico, el agua, el gas, el alquiler. En la categoría "B" debe incluir otros asuntos que son importantes, pero no tan fundamentales, y en la "C" escriba las cosas que realmente podría eliminar.

Este paso puede ser lento, y muy posiblemente tenga que revisarlo y repetirlo varias veces. Muchas personas colocarán una gran cantidad de sus gastos en la categoría A, los restantes en la B, y les costará asignar al menos un par para la categoría C. Y es que sabemos que si asignamos algo en la categoría C y tenemos problemas financieros, lo lógico será eliminar dicho costo. Un ejemplo sencillo, el servicio de televisión por cable ¿Qué categoría le daría usted? Sé que hay personas que dijeron A, otros B; yo respetando la opinión de todos lo catalogo como C. Y es que en caso de que en mi familia se presenten problemas económicos la televisión por cable es una de las primeras cosas que puedo prescindir; para entretenerme puedo buscar productos sustitutos de menor costo, por ejemplo puedo ver videos en Internet, puedo leer, ver viejos DVD's que hay en casa y otros que puedo pedir prestados a familiares y amigos.

● *Use un poco de aritmética.* Ahora que ya tiene registrados sus gastos súmelos y compárelos con sus ingresos, si son mayores entonces usted está en un problema que debe solucionar. Hay dos formas que son obvias, pero no tan sencillas, o incrementa sus ingresos o reduce sus gastos, o también puede hacer ambas cosas a la vez. Evidentemente todos quisiéramos incrementar nuestros ingresos para poder mantener nuestro nivel de gastos y más aún incrementarlos, pero incrementar los ingresos suele ser más difícil que reducir los gastos. Para ayudarle a usted a reducir sus gastos lo invito a leer el capítulo sobre consumo.

No tome decisiones sin planear

Parte fundamental de la planeación es no tomar decisiones financieras con rapidez, hay que pensarlas con tiempo y analizar la situación. Hace varios años me entró una llamada de una empresa donde tenía una tarjeta, me ofrecían un seguro de vida muy bueno, pagaba poco por mes, la vendedora que gana por comisión solo esperaba una palabra de afirmación de mi boca para inscribirme dicho producto. Inmediatamente, yo dudé, casi cedo a sus presiones pues tal y como ella decía "es una excelente opción ¿Cómo no la voy a aceptar?" entonces me inspiré y le dije que me mandara la información a mi correo electrónico para estudiarla, pero ella dijo que no se podía, que si quería el producto tenía que aceptar YA. Entonces en ese momento como una epifanía se me ocurrió que responder y le dije "lo siento yo por políticas personales no tomo nunca una decisión financiera en el momento, si no tengo la información por escrito y un tiempo prudencial para analizarla, para comentarla con mi esposa, investigar otras opciones, quizá comentarlo a mi padres etcétera, no voy a tomar la decisión, por tanto mi respuesta es NO." Y desde entonces tanto mi esposa como yo, nos libramos de este tipo de llamadas con estas simples palabras "no gracias yo por políticas personales y familiares no tomo decisiones financieras en el momento"

Pago de impuestos

Si usted es empleado de una compañía está reportado en planillas recibe su salario con la deducción de impuestos aplicada automáticamente. Pero si sus ingresos vienen por otros medios ya sea porque usted tiene un negocio o recibe alquileres y otros, es importante que se reporte en tributación pues si no lo hiciera puede que le apliquen multas que le perjudiquen. Pagar impuestos no es divertido, pero es necesario para el correcto funcionamiento de la economía del país.

Contabilidad como herramienta para producir información

Para saber cuánto tiene que pagar de impuestos usted necesita tener un registro verídico de cuanto ha vendido, cuanto ha gastado. Esto lo hace por medio de la contabilidad, una contabilidad bien llevada es fundamental para tener estos datos al día.

Pero además de eso, es importante que usted sepa que la contabilidad sirve para más asuntos. Si no existieran los impuestos, las grandes compañías igual tendrían sus departamentos contables, porque es ahí donde se registra información valiosa para saber cómo van los movimientos del dinero, los bienes adquiridos llamados activos y las deudas que se llaman pasivos.

Si usted tiene una contabilidad con fines tributarios, sáquele el jugo y aprenda a leer en los estados que esta le reporta la información que necesita para la toma de decisiones.

Hábitos de consumo

Yo apelo a su inteligencia, y por tanto pienso que después de leer los capítulos anteriores, usted muy probablemente ya sospeche por lo que este capítulo aboga. Y es en esencia, gaste menos, gaste mejor, gaste más inteligentemente y no haga compras emocionales.

Al igual que en todo este libro, en este capítulo tampoco me atrevo a hacer aseveraciones generales. No voy a decir aquí que el consumo es malo, más aun cuando es uno de los pilares de la economía estadounidense. Los estadounidenses tiene casas enormes, con sótano, ático, cobertizo y cochera llenas de cosas que compran y que después llegan incluso a olvidar. Cuando se dan cuenta que tienen demasiado, realizan las famosas ventas de garaje para liberar espacio y sin notarlo empiezan de nuevo a llenar todo. También es bastante común que renueven toda la ropa en cada temporada, muchos de ellos no guardan los abrigos para el próximo invierno sino que los botan al empezar la primavera. Y ese nivel de consumo según muchos economistas es parte de lo que mantiene la economía de Estados Unidos, como una de las más fuertes del planeta. Así que puede decirse que para la economía en general el consumo es conveniente ¿Y para la economía personal? Cabe la pregunta ¿Cuántos de esos estadounidenses consumistas realmente tiene excedentes para comprar en forma tan exuberante y cuantos están tóxicamente endeudados para mantener dichos niveles de consumo?

Aquí estamos en Latinoamérica y la realidad es diferente, pues el poder adquisitivo de las personas en promedio es muy inferior al de los estadounidenses. Sin embargo a las empresas presentes en nuestra región les conviene que usted les compre todo lo que ellos venden, el consumo aquí también es conveniente para el comercio. Pero un consumidor latinoamericano que gana un salario bajo y tiene que solventar los gastos propios de la vida cotidiana debe analizar sus compras aún más que los habitantes de los prósperos Estados Unidos, pues tener un consumo más elevado del que realmente puede permitirse es como un ancla atada a los tobillos que nos hunde rápidamente.

Por tanto, es importante que usted como consumidor cuestione cada compra que va a hacer ¿esta compra realmente me traerá beneficios? ¿Podría seguir mi vida con normalidad si no comprara esto? ¿Podré comprar alguna otra cosa a menor precio para satisfacer esta necesidad?

En televisión nacional se ha presentado una mujer cuyo trabajo es "asesora de espacio", en otras palabras ella le ayuda a las personas a acomodar sus pertenecías en su casa. Gran parte del trabajo que ella tiene es motivar a las personas a darle movimiento a objetos que llevan años estancados en la casa. Este movimiento consiste en que vuelvan a utilizar objetos que llevan guardados mucho tiempo, como ropa, adornos, o alguna vajilla, regalar lo que no se va utilizar más, reciclar y botar lo que no sirve. Son tantas las personas que acumulan cosas en nuestro país que ha surgido esta nueva profesión: asesor de espacio. Mi trabajo va un poco más atrás al de esta señora, yo en vez de motivarlo a desechar cosas que no necesita voy a motivarlo a que desde un principio no compre lo que no ocupa. "No es pobre el que tiene poco, sino el que mucho desea." (Séneca)

Moda

Hay personas que no tienen problema alguno en botar a la basura artículos en buen estado, todo con tal de hacer campo y poder comprar otros objetos más nuevos, más a la moda. Con todo respeto quiero comparar este comportamiento al de los romanos que en sus festines vomitaban para poder seguir comiendo. Y es que la moda puede ser un muy mal negocio para el consumidor. Recordemos otra frase de Séneca: "lo superfluo así cueste solo un centavo sale caro"

Con respecto a la moda prefiero seguir el consejo de un experto en imagen que decía "no uses algo que esté de moda, usa lo que se ve bien" Algunas cosas se verán bien siempre y no pasarán de moda fácilmente, pero algunas prendas de moda son realmente costosas y en pocos meses deben desecharse pues volver a usarlas dejaría en ridículo a quien las viste. Los expertos recomiendan tener una camisa blanca, unos *bluejeans,* zapatos negros, entre otras cosas básicas que no sobresalen pero permiten mantenerse bien presentable. Si para usted mantenerse a la moda es algo importante no debe renunciar completamente a ese estilo de vida, pero si no ha alcanzado la clase media alta, yo no le recomiendo vivir muy pendiente de seguir la moda, es mejor que espere hasta que su condición mejore, supere sus crisis y mantenga un equilibrio económico financiero para que entonces pueda determinar más presupuesto a actualizar su estilo.

No se puede actuar en forma emocional al comprar

El aspecto emocional juega un papel muy importante en nuestros hábitos de consumo, pero al igual que en otros aspectos de la vida, como seres humanos pensantes, tenemos que poner nuestro raciocinio por encima de nuestros impulsos. Sabemos que nuestras emociones pasajeras no deben controlar nuestro comportamiento en muchos aspectos de la vida, por ejemplo cuando al conducir un auto otro chofer se nos cruza imprudentemente, nos enojamos y quizá vociferamos, pero somos conscientes que debemos controlarnos o podremos meternos en un problema muy serio. También cuando nuestro jefe o uno de nuestros clientes nos hacen reclamos injustificados, tenemos que controlar nuestras emociones ¿Por qué entonces no controlarlas cuando vemos en tiendas cosas que nos gustan?

Un ejemplo muy sencillo de cómo podemos ir controlando nuestros hábitos de compra es seguir el consejo de no ir al supermercado a comprar los víveres de la quincena con hambre, porque si estamos hambrientos compraremos muchos más comestibles, y principalmente más comida chatarra de la que compraríamos si estamos satisfechos.

Soy muy crítico de la famosa terapia de *shopping* que nos ha vendido la televisión. Se ve mucho en la pantalla que si una persona y principalmente una mujer está triste, estresada, alterada, se va al *mall* a comprar cosas "disque" para relajarse. Me parece que es un comportamiento tan perjudicial y adictivo como tomar licor cuando se tienen problemas.

Las necesidades son ilimitadas y los recursos limitados

Muchos lectores podrían pensar: "tengo muchas necesidades y trabajo para satisfacerlas, no es que yo gaste mucho, simplemente todo está muy caro y por eso no me alcanza"

Estudiar economía es preocupante pues casi todos los fenómenos traen consecuencias negativas, una de estas alarmantes realidades que nos enseña la economía es el principio que dice "las necesidades son ilimitadas y los recursos limitados"

La frase anterior puede parecer carente de contenido, pero si realmente la llegamos a comprender, tendremos un nuevo paradigma con respecto a la forma de afrontar los gastos que se nos presentan.

Analicemos la primera parte: "Las necesidades son ilimitadas..." Esto aplicado a nuestra vida nos revela por ejemplo, que nuestra casa siempre va a necesitar alguna mejora, no importa si acaba de reparar el techo y pintar, alguna puerta estará rechinando, aquella pared tendrá humedad, aparecerá un vidrio reventado sin razón. Y en cuanto arregle esto un llavín dejará de funcionar, una puerta de la alacena se aflojará, la llave del fregadero comenzará a gotear, etcétera. Igual pasará con el auto, por más mantenimiento preventivo que le tenga en cualquier momento algo fallará. Y lo mismo ocurre con todas las demás cosas, siempre habrá alguna prenda de ropa que necesita ser reemplazada, algún electrodoméstico dañado, una cortina manchada etcétera. Entonces ¿Qué debemos hacer con estas necesidades ilimitadas? La respuesta es priorizar.

Priorizar

Así que si usted pretende tener todo perfecto debe saber que nunca lo va a lograr, es una carrera del gato y el ratón. Por eso es que debe priorizar. Esta palabra es muy importante, si usted logra darle prioridades a las cosas podrá comprender que hay necesidades que pueden esperar, y a la vez esto le permitirá tener recursos a mano para cuando se presente una necesidad importante y urgente (que por cierto son aspectos diferentes).

Después de priorizar tiene que adaptar las necesidades al presupuesto mensual. En dicho presupuesto habrá un apartado para reparaciones del hogar, de él puede echar mano para las averías que se van presentando. Si en un mes nada se dañó podrá acumular el dinero para el siguiente. Si en algún momento hay que hacer un gasto grande como cambiar todo el techo, sería prudente que durante ese año no se haga nada más a no ser que fuera realmente necesario.

Lo importante y lo urgente

Pero ¿Puede usted distinguir lo que es realmente necesario, puede diferenciar lo importante de lo urgente? Tal y como lo acabo de mencionar hay una diferencia entre importancia y urgencia, y muchas personas no lo saben, y peor aún cometen el error de la frase célebre "dejamos de lado lo importante por atender lo que solo es urgente". Las tales "urgencias" que nos implican gastos pueden ser un verdadero peligro para nuestros bolsillos. Es común que muchas personas tengan tarjetas de crédito "para una emergencia" reflexionaremos más sobre dichas "emergencias" en el capítulo relacionado a las deudas.

Las necesidades importantes se diferencian de las necesidades urgentes porque trascienden en el tiempo, y las urgentes reclaman una atención inmediata. Esa inmediatez de lo urgente suele captar nuestra atención inmediata y así lo importante queda para el segundo plano.

Las cosas importantes deben estar incluidas en un plan y las urgentes surgirán apareciendo espontáneamente. Por ejemplo Lucía Pérez ha determinado que aprender un tercer idioma le permitirá conseguir un ascenso, así que coloca en sus planes tomar clases de Portugués; mañana ella irá a matricular, pero durante la cena de hoy a su hijo se le quiebra un vaso, ella después de recogerlo nota que le quedan pocos vasos que además están algo rayados y manchados, ella ve la urgencia que ir mañana mismo a comprar un juego nuevo de vasos y para ello podría tomar el dinero de la matrícula, pues total las clases aunque son importantes para su futuro no urgen y podrá matricularse el próximo mes. Y de esta forma Lucía plantea mal sus prioridades ya que abandona sus clases que son parte de un proyecto a largo plazo, por unos vasos que al final se terminarán rayando y quebrando justo como los que tiene ahora mismo en su alacena.

Dentro de cinco años Lucía tendrá la misma necesidad de vasos que tiene hoy, pero quizá aún no ha aprendido el tercer idioma que tanto le interesa. Ahora bien en el segundo escenario ella prioriza correctamente y sacrifica su comodidad empleando sus vasos feos por un tiempo mientras estudia, así ella podría recibir el ascenso planeado y dentro de cinco años con los ingresos extra habrá resuelto el tema de los vasos, entre muchos otras necesidades, sin embargo no todas, pues siempre habrá necesidades nuevas en esa lista interminable.

Vamos a concentrarnos en la importancia de aprender a limitar el número de necesidades que podemos atender, como lo dicta la segunda parte de la sentencia económica "… los recursos son limitados" Si logramos comprender que nuestros recursos no son infinitos como lo son las necesidades, sabremos la importancia que tiene el uso racional de los mismos.

Gastamos más de lo que debemos

Sollozando Luisa le contaba a su amiga Roxana acerca de sus problemas financieros "es que no me alcanza la plata" decía mientras de una caja de pañuelos de papel sacaba tres de una vez, los arrugaba todos y con la esquina de uno se secaba dos pequeñas lágrimas, luego tiraba los tres pañuelos al basurero de la esquina y se disponía a seguir su relato. Roxana que la observó con detalle dijo en voz alta "tengo una idea de cuál podría ser el problema"

El mismo problema que mencionamos en el capítulo sobre el ahorro se manifiesta cuando hablamos de consumo. Muchas personas piensan que gastar en abundancia es lo correcto porque lo contrario es tacañería, un mal del cual no quieren saber nada.

Una vez vi un amigo lavándose los dientes, llenaba el cepillo igual que como lo hacen los actores en los comerciales de televisión, empezó por el centro hacia arriba, luego hasta abajo y regresó al centro haciendo un colocho muy hermoso (los dentistas dicen que la porción de pasta dental debe ser del tamaño de un frijol, más de eso puede generar que tengamos calcio extra lo cual es dañino para los dientes) Luego mi amigo abrió la llave y dejó el agua correr todo el tiempo, solo la cerró cuando le dije que no fuera inconsciente y que cuidara el agua que es de todos. Después siguió con el hilo dental, cortó un trozo extremadamente largo y se arrolló gran cantidad en los dedos para luego usar un pequeño pedazo de menos de 10 cm.

Y justo así es como muchas personas consumen todo, sin cuidado ni control alguno. Pero esa es una actitud dañina que debe ser erradicada, en su lugar debemos aprender a reducir costos.

Reducir costos

Las grandes compañías que manejan altas utilidades y poseen grandísimos capitales tienen empleados dedicados únicamente a buscar cómo reducir costos; y a los trabajadores que tienen otras funciones les dan recompensas si encuentran una forma de ahorrar, aunque sea una grapa en un proceso. Ellos buscan las rutas más cortas para ahorrarle combustible a los camiones, detectan si hay formas más simples de hacer procesos, reacomodan oficinas y espacios para utilizar menos electricidad en iluminación y aire acondicionado etcétera. Si una empresa multimillonaria hace esto ¿por qué usted y yo no habríamos de hacerlo?

¿Con qué frecuencia saca usted tiempo para pensar en formas de evitar costos, ya sean pequeños o grandes? Puede que en este momento usted quiera tomar un papel y un lápiz y escribir ideas para reducir costos, pero entre tantas cosas que hace diariamente no sabe ni por dónde empezar. Cuando comenzamos a trabajar en la parte de presupuestos, nos dimos a la tarea de buscar cuáles son los gastos que usted y su familia tiene mensualmente, los categorizamos según su importancia en A B C y mencionamos la oportunidad de eliminar los gastos de la categoría C, pero se nos presenta la inquietud de cómo hacerlo.

Mi esposa y yo íbamos al supermercado mensualmente, yo guardaba las facturas y después las analizaba. Me di cuenta que en el ítem que más gastábamos era leche de vaca, me sorprendí al notar ese patrón pues para ese entonces ni siquiera teníamos hijos. Yo solo tomaba la leche con el café, ella si utilizaba para otras cosas. Años atrás yo tomaba el café con mucho azúcar y lo había ido reduciendo porque me parecía que no era saludable, aunado a esto me enteré que los apasionados tomadores de café lo beben solo, sin azúcar ni leche. Entonces decidí cambiar mis hábitos y desde entonces tomo café negro y sin azúcar, lo hago por dos razones, una para disfrutar mejor el verdadero sabor del café, y la otra porque no quería seguir viendo en la factura del supermercado a la leche como el gasto más alto.

En este sencillo ejemplo de la vida real que no tuve que hacer un gran sacrificio, yo realmente aprendí a disfrutar mi café negro, cuando llego de visita donde un familiar o amigo y sin preguntarme le ponen azúcar y leche a mi café realmente considero que me lo han echado a perder. Fue un cambio sencillo que nos ahorró algún dinero, pero en ocasiones cambiar un hábito costoso, por otro más barato puede ser un proceso complicado, doloroso y difícil de hacer, pero a largo plazo traerá beneficios provechosos. De paso muchas veces dichos gastos corresponden a hábitos poco saludables, así que eliminarlos tiene doble beneficio. Entre estos cambios que se pueden hacer está dejar el cigarro, reducir el consumo de licor, comprar menos lotería (realmente es muy poco probable ganarla, no es la forma en la que la mayoría de personas resuelven sus problemas financieros, la lotería es un juego, nunca una inversión) y revisar cuáles son sus pasatiempos.

Muchas personas tienen pasatiempos que les permiten reducir el estrés y darle más alegría a su vida, cada pasatiempo implica una inversión o costo económico. Todos tenemos el derecho y la necesidad de tener estas actividades de esparcimiento, pero si usted está pasando por una crisis financiera o simplemente quiere mejorar su nivel económico puede reconsiderar sus pasatiempos y pasar temporal o definitivamente a otros menos costosos, o mejor aún como lo recomendé en páginas anteriores, hacer de sus pasatiempos una nueva fuente de ingresos. Así por ejemplo si le apasiona cocinar, coser, hacer artesanías, etcétera, puede que tenga en sus manos la herramienta para emprender y obtener dinero con esa habilidad que hasta el momento no ha explotado económicamente.

Hacer sacrificios ahora puede evitarle problemas en un futuro y por tanto valen la pena. El problema es que muchas veces las personas no saben o no quieren posponer el placer que las cosas materiales pueden generarles.

Estatus social, un capricho muy costoso

La RAE (Real Academia Española) define el estatus como: "Posición que una persona ocupa en la sociedad o dentro de un grupo social". Muchas personas quieren tener una posición alta y para buscarla necesitan mostrar que tienen una capacidad económica elevada, y no se les ocurre otra forma de hacerlo que gastando en objetos que se puedan ostentar con facilidad.

Un ejemplo es la ropa de marca. Una camisa económica igual nos viste que otra de marca. Pero la ropa de marca puede costar mucho más (costar no lo mismo que valer. Algo es costoso cuando hay que pagar mucho por él, algo es valioso cuando el objeto es realmente importante y nos trae beneficios reales.) Es curioso que un personaje como Steve Jobs el fundador de Apple usaba siempre la misma ropa sencilla y no tenía la necesidad de buscar resaltar con ropa de marca.

Algo que me cuesta entender es por qué la gente paga caro por una camiseta con la marca del tamaño de todo el pecho, esta gente está pagando por hacer publicidad a la marca en cuestión. Yo exigiría que me pagaran para usar una camiseta que tenga todo el pecho estampado con una marca comercial. Pero alguna gente cree que obtendrá respeto por vestir así, pues asume que los demás los valorarán a ellos como personas, gracias al precio de su ropa lo que no es cierto.

En internet a Will Smith se le atribuye una frase que realmente es de Emile H. Gauvreay y que dice: "Hemos construido un sistema que nos persuade a gastar el dinero que no tenemos en cosas que no necesitamos para crear impresiones que no durarán en personas que no nos importan."

Y todo en busca de ese estatus, pretendiendo ser más de lo realmente somos. Mi abuelo tenía una frase *"el que no tiene plata tiene que simular como si la tuviera, y el que si tiene, que disimule como si no la tuviera"* ¿Usted quiere seguir simulando lo que en verdad no tiene, o prefiere sacrificarse hoy para llegar a realmente tener algo mañana? Y entonces ya si gusta como decía mi abuelo podría disimular, o por el contrario mostrar su capacidad financiera, pero que sea real, no un espejismo.

También es parte del estatus asistir a ciertas tiendas. He visto los mismos productos de la misma marca a precios muy diferentes porque unos los venden en la elegante tienda y los otros en la tienda "del populacho" Si usted está necesitando ahorrar reduciendo costos ¿le parece correcto pagar más por lo mismo solo por el aire acondicionado y la hermosa cerámica del piso que hay en la tienda?

A veces un poco de humildad es nuestra aliada para mantener a salvo nuestra bolsa, y por irónico que parezca la humildad puede evitarnos la humillación pues no hay nada más patético que ver a alguien con ropa y celular caros que acostumbra hacer alarde de los finos lugares que visita, pidiendo prestado para pagar los pasajes del bus ya que esta vez "no pudo llegar a fin de mes". Y es que definitivamente cuando alguien quiere alcanzar un estatus superior al que realmente puede costearse, termina por poner en evidencia que todo es pura apariencia cuando finalmente cae en quiebra y hasta le rematan sus bienes.

Decidir qué y cómo comprar

Como ya lo hemos dicho es importante al comprar tomar las decisiones con calma, habiendo pensado bien que es lo que queremos. Y llega el momento de escoger qué producto, de qué marca, qué modelo y a dónde comprarlo.

Calidad y precio no siempre tienen relación directa

Una frase que se escucha con frecuencia es "lo barato sale caro" Esta frase significa que lo barato es malo, no sirve y puede cumplirse a cabalidad en muchos casos, pero no es una norma pues en muchas otras resulta falsa.

El complemento de esa frase sería "lo caro sale bueno" Y efectivamente muchos consumidores hacen una relación directa entre precio y calidad, creen que entre más caro más bueno, entre más barato más malo. Pero en muchas ocasiones algo es caro simplemente por las estrategias de mercadeo de la empresa que lo vende, y los consumidores despistados que se dejan manipular le dan alto valor a algo solo por ser de precio elevado.

Veamos un ejemplo sencillo: en un supermercado venden unos chocolates que vienen en una bolsa de colores llamativos y dibujos de animales, con abre fácil y cuestan ₡1.000 en otra sección del supermercado cerca de los vinos y los quesos hay un caja de cartón con color dorado y un lazo rojo que tiene también chocolates pero con nombre en francés que cuestan ₡3.500 ¿Cuáles chocolates son más ricos, más buenos? Tenga cuidado al responder, porque quizá los baratos son de mejor calidad, o resultan ser los mismos que la empresa empaca distinto para abarcar dos tipos de consumidores diferentes.

Compare, investigue, empodérese

Si todas las personas aprenden a distinguir la diferencia entre la buena y mala calidad, y hace una relación precio calidad no solo harán compras más inteligentes, sino que empujará a las compañías a mejorar, pues si nadie vuelve a comprar productos malos las empresas tendrán que dejar de fabricarlos, los consumidores tenemos ese poder pero no lo ejercemos como es debido.

Cuando tome la decisión de adquirir un producto busque en diferentes tiendas, compare precios y marcas. Hoy en día los consumidores tenemos herramientas que nos empoderan frente a las empresas, podemos buscar referencias en Internet sobre la calidad y las experiencias de uso de otros consumidores que han adquirido un producto de nuestro interés.

También podemos comprar algunos artículos por Internet ahorrándonos dinero, aunque al no poder ver los productos en directo nos limita para hacer revisiones. Recuerdo a mi padre comprando ropa, revisa cada prenda por todos lados para cerciorarse que todo esté bien, tira algunas costuras para asegurarse que no se rompan y por supuesto prueba que le quede bien. Nada de eso podemos hacerlo por Internet, cada opción tiene sus ventajas y desventajas.

Productos sustitutos

En ocasiones hay productos sustitutos que pueden satisfacer las necesidades que tenemos, pero con un precio menor y nuestro deber como consumidores responsables es estudiar si dichos productos son una mejor opción para nosotros.

Por ejemplo una cocina eléctrica o de gas no baja de ₡200.000 y llegan perfectamente a ₡500.000 pero hay plantillas de gas o eléctricas que pueden costar una décima parte o menos de lo que cuesta una cocina aunque no tiene horno y a lo sumo tiene tres discos, pero ocupa mucho menos espacio e igualmente sirve para cocinar. Entonces es su trabajo como consumidor preguntarse ¿vale la pena comprar la cocina, voy a usar los seis discos o a lo sumo dos a la vez, voy a hornear con frecuencia o ni siquiera sé hornear y no planeo aprender? Evidentemente si usted es soltero, apenas está aprendiendo a cocinar y tiene un apartamento muy pequeño sería, a mí parecer muy mala decisión que escogiera la cocina y no la plantilla. Por otro lado si en su casa hay varios adultos que les encanta cocinar y dar cenas con cierta frecuencia, una plantilla pequeña no satisfacerá sus necesidades, en cambio una cocina grande valdrá la pena.

Temporadas de rebajas

Un consejo que puede servirle es comprar en ciertas épocas del año. El cierre fiscal en Costa Rica es en septiembre, algunas empresas para esta época realizan verdaderos descuentos en sus inventarios, esto lo hacen para reducir sus niveles de impuestos lo cual es una buena oportunidad para aprovechar por los consumidores.

En años resientes se han puesto de moda épocas establecidas por el comercio como el *Black Friday* o la expo auto. Cuando llegan estas fechas las compañías aseguran que sus promociones y condiciones de compra son las mejores, sin embargo yo le recomendaría que días antes de llegar estas temporadas, usted se acerque a las tiendas a preguntar y así revise por su propia cuenta si en la fecha comercialmente establecida, de verdad la empresa en cuestión está haciendo una promoción real.

Hay muchos trucos que las personas fanáticas de comprar inteligentemente pueden desarrollar, por ejemplo comprar electrodomésticos y ropa para mujer después del día de la madre, esto porque lo que las empresas no hayan podido vender lo rematarán en los días siguientes. Otro truco, que en algunos años empleamos en nuestra familia, fue no darnos regalos en navidad como es tradición en nuestro país, sino hacerlo para el Día de Reyes como lo hacen en otros países, y entonces, salir a comprar los regalos el 26 de diciembre. Puede que muchos artículos se hayan agotado, pero lo que aún esté disponible tendrá un precio mucho mejor.

No caiga en las trampas del mercadeo

Esto de verificar por su propia cuenta si la promoción es real lo menciono porque un truco mercadológico es determinar que algo costará ₡15.000 y entonces anunciarlo como que cuesta ₡20.000 con un 25% de descuento ¡llévelo por solo ₡15.000!

Tal y como lo mencionaba en el ejemplo de los chocolates el mercadeo busca por muchos medios, que las empresas logren posicionar sus productos en la mente del consumidor que luego se transforman en ventas. Nosotros como consumidores debemos aprender cuáles son esas artimañas para no dejarnos manipular.

Uno de los trucos que más me molestan es cuando veo los precios de los productos; en vez de indicar que algo cuesta ₡5.000 dicen que son ₡4.995 ¿Por qué ponen siempre unos colones o un céntimo menos cuando es en dólares, será para hacernos el favor de ahorrarnos al menos unos centavos? Claro que no. Lo cierto es que lo hacen para que en nuestra mente pensemos que el precio es menor. Por ejemplo si pasamos por un escaparate y vemos algo en ₡3.995 llegamos a la casa pensando que el precio eran 3.000 y resto... ¡qué bueno! Es más barato que en la otra tienda donde cuesta ₡4.000. No se deje engañar. Cuando yo veo en la tienda que algo vale ₡7.995 de inmediato "traduzco" a mi mente "son ₡8.000" y así puedo hacer comparaciones más correctas entre los precios.

Aproveche las buenas oportunidades

Si usted toma varias semanas en investigar por el producto que quiere comprar, lo revisa en varias tiendas, en internet, compara productos sustitutos y llega a saber bastante del producto haciéndose casi un experto, usted podrá reconocer una promoción real cuando la encuentre, y entonces sin más ¡aproveche la oportunidad!

Mi esposa y yo muchas veces hemos salido a hacer cualquier diligencia y regresamos a la casa con algún producto que no esperábamos comprar en ese momento, pero del cual veníamos hablando días atrás y que casualmente encontramos en excelentes condiciones. Algunas veces hemos perdido buenas oportunidades porque no teníamos suficiente información sobre el producto y no hicimos la compra, y ante la duda prudencia. *"la información es poder"* (Francis Bacon).

Comprar al día o comprar mensualmente

Tal y como lo mencioné al inicio del libro, las personas de la clase baja viven "al día", esto significa que día a día deben trabajar para conseguir el sustento. Si un día se enferman o simplemente no venden nada es muy posible que pasen hambre. Esta lamentable realidad crea en las personas la cultura de comprar en pequeñas cantidades, no es algo que hagan por decisión, es simplemente la única forma en que pueden adquirir los artículos que necesitan, pues comprar por ejemplo arroz para toda la quincena es un gasto que no pueden pagar. De hecho, en distinto países de África grandes corporaciones internacionales tienen como estrategias de mercadeo vender todo en pequeños paquetes de una porción, entonces por ejemplo no venden una botella con un litro de jabón, venden un sobrecito con jabón para una lavada. En Latinoamérica no tenemos una realidad muy diferente a la africana, las personas de clase baja usualmente compran en una pequeña tienda local, lo que en Costa Rica llamamos pulpería.

No sé si lo ha notado, pero ir a la pulpería a comprar un paquete de 250 gramos de café es usualmente más costoso que comprar en un supermercado una bolsa de 1 kilogramo, esto si vemos el precio por gramo. Entonces si la bolsa de 250 gramos cuesta ₡500 en la pulpería son ₡2 por gramo. En el supermercado la misma marca en presentación de 1 kilogramo cuesta ₡1.800 esto significa ₡1.8 por gramo. La persona de clase baja, o la de clase media con serios problemas de liquidez financiera pueden decirnos "no tengo en este momento ₡1.800 para comprar el kilo, pero si ando ₡500, así que compraré el paquete pequeño" Es una realidad muy triste, pero **las personas de menos recursos compran más caro,** ya que la gente que pueden pagar por volumen.

Comprar en volúmenes altos debe por definición lógica generar ahorro al consumidor pues los precios deben ser mejores. Pero no tome esto como algo obvio. Es mejor que saque por usted mismo sus propias cuentas. En el supermercado es importante que ande la calculadora a mano, todos los celulares tienen una. Fíjese en los productos y divida el precio entre el peso o el volumen para que usted mismo sepa cuánto cuesta por gramo o ml cada producto. En algunos supermercados ellos mismos publican el precio en gramos, pero en ocasiones pareciera que quieren inducir al error, porque los frijoles marca A vienen con el precio por gramo, pero en los frijoles marca B viene el precio por ml, y aunque en algunos productos un ml pesa un gramo, en otros no, es una cuestión de densidad. En conclusión es mejor que usted haga sus propios números, y no solo con las cosas en góndolas, también en los restaurantes.

Lo de los restaurantes lo menciono porque por increíble que parezca he visto combos de comida rápida que salen más caros que comprar cada cosa por aparte. Si usted va y pide el combo 1 de hamburguesa, papas y refresco, debe ser más barato que si compra por aparte cada una de las tres cosas. Pero en algunas pocas ocasiones he comprobado que no es cierto y entonces he pedido los productos individualmente exigiendo que no me aplique el combo pues no quiero pagar dinero extra. Nunca está de más que mientras hace fila saque la calculadora del celular y compruebe si lo que ofrecen es una promoción o una estafa.

Muchas personas no han llegado a comprender la diferencia de precios entre el producto en pequeña presentación y el de alto volumen; y aunque son personas que han logrado escalar entre las clases socioeconómicas, no cambian sus hábitos de compra, siguen acudiendo al pequeño comercio a comprar en pequeñas cantidades y por tanto siguen gastando más.

Pero antes de comprar en alto volumen usted primeo tiene que analizar sus propios hábitos de consumo, pues si compra en grandes cantidades algo que consume poco se le terminará dañando y tendrá que botarlo, esto evidentemente sería una terrible pérdida de dinero y todo el esfuerzo hecho para ahorrar se habrá desperdiciado.

Además comprar en pequeña escala en el comercio local tiene otro problema. Veamos el ejemplo de Luis que va a la pulpería con ₡3.000 para comprar leche, sal y café. Resulta que por las tres cosas tiene que pagar ₡2.850 y como es típico en este país, Luis no se trae ni un solo colón de regreso a su casa, el excedente de ₡150 lo gasta en alguna golosina, de esas que no son buenas para la salud ni para la economía. Mañana llegará de nuevo Luis a la pulpería, quizá esta vez no le alcance para comprar todo lo que necesita, puede que le falten ₡150, pero Luis ni siquiera recordará que el día anterior le sobró ese monto, y que si lo hubiera guardado hoy podría adquirir todo lo que necesita.

Por el contrario, Adriana va una vez por mes al supermercado, durante varios días ella hace una lista de las cosas que necesita. Al llegar al supermercado compara precios entre productos, incluso ella visita varios supermercados y sabe que producto sale mejor en cada uno; ve las marcas y determina a su criterio cual es la relación verdadera entre precio y valor pues como ya lo mencionamos ni todo lo barato sale caro, ni todo lo caro sale bueno; ella adapta sus compras al presupuesto mensual que ha establecido, incluso golosinas y otras cosa menos importantes están presupuestadas. Si al llegar a la caja a Adriana le sobra algo de dinero se pondrá tan contenta como Luis, pero en vez de gastarlo lo dejará guardado, será parte de sus ahorros de este mes.

Adriana y Luis son compañeros de trabajo, tienen el mismo salario pero diferentes hábitos de consumo. Un día conversando sobre la forma en la que compran "el diario" (hasta el término hace alusión a comprar por día) Luis le pregunta a Adriana cuánto gasta en el supermercado al que ella asiste, ella contesta con facilidad (pues tiene presente sus montos) que gasta ₡100.000. Luis se sorprende y le responde que ella debe ser millonaria, que él no podría hacer semejante gasto; ella le devuelve la pregunta ¿Luis cuanto gastas en el diario? Y él contesta no saber, unos días son como ₡1.500, a veces puede llegar a ₡7.000. Lo que Luis ignora es que en total está gastado más de ₡120.000 al mes. Pagar un monto alto en una sola compra es inalcanzable para algunas personas, y otras parece que hacen lo posible por no poder alcanzarlo nunca aunque esto les permita ahorrar. Dentro de varios años Luis seguirá tan estancado como está hoy, pero Adriana habrá avanzado económicamente gracias a sus buenos hábitos.

A pesar de lo expuesto en los párrafos anteriores hay personas que prefieren el consumo diario sobre el de alto volumen porque creen que tener un producto en abundancia los hará gastar más. Los que hemos estudiado negocios tenemos la costumbre de observar a las personas en los supermercados pues así aprendemos de ellos. Recuerdo a una pareja en un supermercado que llegó a buscar alimento para perro, ellos vieron que había bolsas de 50 kilogramos y la señora le preguntó a su marido si llevaban una para sus perras, el hombre miró el precio de la bolsa y la rechazó; es obvio que la bolsa de 50 kg cuesta más que una bolsa pequeña de 1kg, pero lo lógico también es que por gramo la bolsa grande ofrezca un precio mejor. Pero aún así el señor rechazó la compra, lo que realmente me llamó la atención fue el argumento que utilizó "es que entre más comida tengan más comen esas perras" dijo. Los caninos como animales que son no tienen conciencia de la abundancia o escases de alimento que haya en su casa, son sus dueños los responsables de administrar ese alimento. Los miembros de la familia de esta pareja son quienes deben darle a las perras la medida de alimento diaria que les corresponda así sea la última y para el otro día deban ir a comprar, o así haya, mil porciones almacenadas.

Es común que algunas personas que han vivido con escases por muchos años despilfarren en el momento que tienen abundancia, pero como personas pensantes que somos podemos modificar un comportamiento inadecuado y adoptar una nueva cultura personal y familiar, para que aprendamos a ser capaces de acumular y administrar los recursos que almacenamos.

¿Compra usted al día, quincenal o mensualmente, compara y ahorra realmente en sus compras?

Tal y como lo he mencionado no todos los consejos aplican para todos pues nuestras realidades son distintas, si por ejemplo usted no vive en la ciudad y cerca de su casa no hay ningún supermercado es lógico que tenga que recurrir al pequeño comercio. Pero en las ciudades normalmente hay diferentes supermercados, nunca está de más que analice si puede cambiar algunos hábitos de compra.

Esta estrategia de hacer pagos por alto volumen se puede ampliar aún más, hay personas que por ejemplo negocian con la empresa de cable y pagan todo el año en un solo tracto logrando un descuento o puede que por ello obtengan un mes gratis, otros incluso lo hacen con el alquiler. Para hacer esto lógicamente se debe contar con los recursos, pero es muy motivante saber que una vez equilibradas las finanzas familiares, se pude empezar a desarrollar hábitos para obtener ganancias que dan fortaleza económica y que las personas que viven "al día" en una constante crisis no logran ni imaginar.

Deudas ¿Amigo o enemigo?

Cuando en un grupo de amigos se habla de deudas suele aparecer el que dice "odio tener deudas, soy feliz pagando a ricos y a pobres lo que debo cuanto antes". Otro dice "todo lo compro financiado, mi tarjeta de crédito es mi mejor amiga, estoy deseando un nuevo préstamo en el banco" ¿Con cuál usted se identifica más? ¿Tener deudas es algo positivo o negativo? ¿Las personas financieramente exitosas tienen deudas, o las tuvieron, o precisamente son exitosas por no involucrarse con ellas?

Muchos consejeros sobre finanzas personales satanizan las deudas, y sin mediar contexto alguno recomiendan eliminarlas cuanto antes de sus vidas. Esto evidentemente no es algo sencillo de hacer y puede desmotivar a quienes reciben dichos consejos pues cuando nos recomiendan algo que parece imposible desacreditamos a quien nos aconsejó y desechamos el consejo.

Yo no pienso irrespetar la inteligencia de mis lectores con una posición cerrada sobre el tema de las deudas, por el contrario, pienso exponer con claridad el asunto y darle información para que pueda tomar mejores decisiones con respecto a este tema.

Créditos fundamentales para el funcionamiento bancario

Sé que muchos de ustedes conocen como funciona el sistema bancario; en todo caso voy a hacer un pequeño resumen: El negocio de un banco consiste en tomar el dinero de los ahorrantes y prestarlo a particulares, con los intereses que cobran a los segundos les pagan una pequeña parte a los primeros y con la diferencia obtienen sus utilidades.

¿Por qué menciono el sistema bancario en esta sección? Para enfatizar la importancia que tienen los préstamos. Son tan importantes para la economía que sobre la existencia de los créditos recaer toda la teoría bancaria. En otras palabras, sino existieran los créditos tampoco habría bancos y muy posiblemente tampoco existiría el dinero, seguiríamos con el trueque y las complicaciones que ya analizamos sobre este sistema tan escaso y primitivo.

Apalancamiento, una forma beneficiosa de crédito

¿Entonces es normal estar endeudado, es necesario estarlo? ¿Se endeudan los grandes millonarios?

Para irle dando respuesta a estas preguntas veamos el caso de las empresas grandes. Pensemos en el ejemplo de una cadena de supermercados que planea abrir un nuevo local. La empresa tiene dos formas de hacer el proyecto, una es utilizando solamente capital propio y la otra es pidiendo un crédito bancario.

En la primer opción la empresa dispone de unos diez millones de dólares para el proyecto, con el dinero compra un lote, construye un local de unos dos mil metros cuadrados y dispone de un par de millones para inventario y un millón más para hacer publicidad en la ciudad. Con todo ello podrían proyectar utilidades de seiscientos mil dólares en el primer año.

Todo lo anterior se ve muy bien, pero ¿Qué podría pasar en caso de solicitar un préstamo? Supongamos que este fuera un tercio del dinero aportado por la empresa. Entonces con más de trece millones de dólares la empresa podría construir un local más grande y comparar tres millones en inventario en vez de los dos millones con los que dispondrían sin crédito, y así al hacer compras más grandes podrá negociar mejores precios con sus proveedores, además ofrecer gamas mayores de productos y si es la estrategia del negocio también podrían poner precios más bajos para los clientes con lo que venderían más.

En este segundo escenario los ejecutivos proyectan utilidades de un millón de dólares anuales, cuatrocientos mil más que si ejecutaran el proyecto solo con sus propios recursos. En conclusión conviene a la empresa pedir el crédito. En administración a esto se le llama APALANCAMIENTO.

Nosotros podemos utilizar la siguiente definición:

Apalancamiento: "un crédito que nos permite a largo plazo obtener mayores beneficios a los que tendríamos si no lo hubiéramos solicitado"

Y esta es la lección que quiero nos enseñe el ejemplo del supermercado, que un crédito bien manejado nos apalanca, es decir nos impulsa hacia adelante. Y por tanto no podemos atrevernos a decir que los créditos son en todos casos una cadena que nos ata, pues un buen crédito bien manejado nos permite avanzar. Para efectos de este libro seguiremos llamando a los créditos que producen apalancamiento como créditos palanca.

Créditos dañinos son tóxicos para nosotros

Pero tenemos la otra cara de la moneda, los créditos tóxicos. Vamos definirlo de la siguiente forma:

Crédito tóxico: "un crédito por el cual a mediano y largo plazo nuestra situación financiera-económica está peor a como estaría si nunca lo hubiéramos adquirido"

Este es el típico caso de las personas que manejan mal sus tarjetas de crédito, consumen más de lo que necesitan o de lo que aunque sean necesidades reales pueden pagar.

El crédito tóxico nos empobrece, nos presiona financieramente e incluso puede comprometer nuestro capital, por causa del crédito tóxico podemos retroceder en la escalera de las clases sociales, es este crédito el que puede quebrar el piso de cristal del que hablábamos al principio del libro.

Evidentemente los empresarios del supermercado que se endeudaron para que su proyecto fuera más rentable buscarán pagar su préstamo sin atrasos para que no genere mayores intereses. Además al momento de buscar con quien endeudarse negociarán con los diferentes bancos para ver cual les da las mejores condiciones. Y si el nuevo supermercado aporta mayores ingresos a los proyectados es muy probable que estos empresarios quieran hacer abonos extraordinarios a su crédito para solventarlo cuanto antes; a no ser que encontraran un negocio más rentable para los dividendos extra, aspecto que es muy normal en el mundo de los negocios. Pero a nivel personal puede ser un poco más complicado, por tanto siempre será una muy buena opción para las personas usar ingresos extra para hacer abonos extraordinarios a los créditos que tengan aún si son palanca.

Pagar pronto un préstamo siempre será beneficioso aún si fue un préstamo de los que apalanca, pero si estamos hablando de créditos tóxicos, pagarlos cuanto antes es una necesidad imperiosa que debe estar entre las prioridades que nos plantemos.

¿Cuándo un crédito es palanca y cuándo tóxico?

Ahora que usted tiene los conceptos de créditos palanca y créditos tóxicos claros, es muy probable que se esté preguntando ¿Los créditos que yo tengo son palancas o son tóxicos?

Responder a esa pregunta nos es tan sencillo, en muchos casos es necesario hacer un estudio personalizado de su situación y conocer en detalle las condiciones de sus deudas antes de emitir un criterio. Pero vamos a mencionar algunas claves que le podrán ayudar a identificar a grandes rasgos su situación.

- Los créditos palanca usualmente son obtenidos en una entidad bancaria oficial, una cooperativa o alguna otra institución perteneciente al sistema financiero nacional. Si el préstamo que usted tiene lo obtuvo de un prestamista o en las popularmente llamadas "garroteras" podemos casi asegurar que se trata de un crédito tóxico.
- Los créditos palanca usualmente son planeados con anticipación, se estudian y se analiza su posible ventaja. Si usted requirió de un crédito repentinamente o por una emergencia (más adelante analizaremos el concepto de "emergencia") muy probablemente obtuvo un crédito tóxico.

- Por definición los créditos palanca tienen tasas de interés aceptables mientras que los tóxicos tienen tasas de usura. Pero en medio de las bajas y las altas hay toda una gama de tasas "medias" a las cuales tenemos que definir por nosotros mismos como alta o baja, para que esa información nos permita saber si es palanca o es tóxico.

Tal y como lo exprese es muy complicado a base de suposiciones y conceptos generales definir a cada préstamo como palanca o tóxico, lo correcto es analizar caso por caso.

Es comprensible que las personas de clase media tengan que recurrir al sistema bancario para recibir una hipoteca y obtener su casa, o un crédito para iniciar algún negocio. Por tanto en la mayoría de los casos se pueden entender estos créditos como palanca. Pero cuidado, porque si el negocio no resultó, o compramos una casa más cara de lo que nuestros ingresos reales pueden pagar, nos estaremos enfrentando a un crédito que nos pone contra la espada y la pared, compromete nuestra capacidad financiera y arriesgamos a perder nuestro capital incluida la misma casa por la que quizá hemos estado pagado cuota a cuota por varios años con gran dificultad. En estos casos un crédito que al principio era palanca se puede convertir en uno tóxico, que nos amenaza, nos daña y literalmente nos enferma.

Garantías por créditos

Al obtener un préstamo formal es usual que los acreedores soliciten una garantía como respaldo por el mismo. Hoy en día es frecuente ver diferentes acreedores que no piden ninguna garantía por sus créditos, pero por ello cobran intereses mucho más altos. Sobre el tema de los intereses hondaremos en varios puntos más adelantes.

Entre las garantías que piden por un préstamo algunas de las más comunes son vehículos en prenda, hipotecas y fiadores.

Antes de tomar una hipoteca es muy importante que usted analice muy bien si realmente vale la pena tomar el crédito pues hipotecar sus propiedades es un riesgo muy grande para usted y una oportunidad muy buena para los acreedores de hacerse de una propiedad a bajo precio. Recuerdo muy bien la campaña publicitaria de un banco que decía "hipotecas de inmediato sin importar el motivo" claro que les convenía prestar sin importarles para que iba el cliente a utilizar el dinero, y sin duda en dicho banco deseaban que fuera para apostar en el casino o algo bien inadecuado y así se quedara sin pagar y ellos se apoderaran de las propiedades.

El consejo general es que nunca tome un crédito hipotecario si no es para la compra misma de la propiedad y solo lo haga en una institución financiera seria y responsable. De lo contrario analice muy bien y mida los riesgos, pues es una verdadera pena perder por ejemplo una propiedad que vale cincuenta millones por un crédito de cinco millones.

Los créditos con fiador son cada vez menos frecuentes porque cada día son menos personas las que aceptan fiar a otros. Esto es muy comprensible pues por si no lo tenía claro le comento que fiar es casi lo mismo que endeudarse. Si usted fía a una persona y esta no paga, el acreedor le cobrará a usted, usted ahora es responsable ante la empresa como si ellos le hubieran dado el crédito directamente incluso los bancos con frecuencia llaman a los fiadores codeudores. Un codeudor es por ejemplo cuando una pareja saca el préstamo de una casa, ambos son responsables de la deuda para el banco, son codeudores, pues a ese nivel de corresponsabilidad los bancos ponen a los fiadores. Así que perfectamente pueden embargarlo si no paga, además su historial se manchará, así que si usted decide no pagar el préstamo de su amigo al cual usted fió y ahora necesita un préstamo bancario perfectamente pueden rechazárselo ya que usted es "mala paga".

Si puede evite fiar, o en su defecto solo fíe a personas de extrema confianza y cuando lo haga tiene que estar preparado tanto económica como psicológicamente porque perfectamente podría tocarle pagar a usted.

Tarjetas de crédito

Las tarjetas son como un cuchillo, en las manos de la persona correcta son una herramienta que permite crear grandes cosas, pero en las manos incorrectas son un arma que destruye.

Cuando las tarjetas de crédito comenzaron eran un símbolo de estatus, los bancos solo confiaban en personas de la clase alta a las cuales podían otorgarles préstamos por cualquier tipo de producto o servicio en cualquier momento. Tiempo después muchos bancos encontraron que poner tarjetas de crédito en manos de personas de clases más bajas podía también ser un negocio, trae riesgo al banco pero siempre hay más posibilidad de ganar que de perder. Más aún para compensar ese riego los bancos incrementaron los intereses de las tarjetas dirigidas a clases de alto riesgo, así que es posible que usted esté pagando altos intereses para que el banco no pierda dinero por el monto que su vecino no paga.

En Costa Rica tenemos tarjetas de crédito con intereses que rondan el 50%. Mi opinión es que esto es un abuso pero son muchas las tarjetas en la calle con estos niveles y la gente sigue adquiriéndolas.

¿Debemos deshacernos de cuanta tarjeta tenemos? Antes de dar dicho consejo a todos por igual vamos a ver los beneficios que una tarjeta puede traer a sus usuarios.

Las tarjetas de crédito suelen ofrecer a sus clientes algunos beneficios por el uso de las mismas, normalmente le llaman millas o puntos, otras ofrecen *cash back,* también hay descuentos en gasolineras y otros comercios, y hay bancos con otras ofertas incluidos electrodomésticos, etcétera. Quienes saben utilizar las tarjetas usualmente sacan provecho de este tipo de beneficios y no gastan en intereses.

Estas regalías que tienen las tarjetas son ofrecidas como anzuelos para atraer a nuevos usuarios y muchos caen motivados por la combinación de sentirse de alto estatus más los beneficios que se ofrecen y el hecho de contar con la tarjeta para una emergencia.

Para que la tarjeta de crédito no genere intereses debemos pagar el total de lo comprado dentro de un periodo, usualmente son cuarenta días pero eso varía de una tarjeta a otra.

Conozco gente que realmente saca provecho de sus tarjetas, en su mayoría son personas que tiene que viajar por cuestiones de trabajo, compran sus tiquetes de avión y los demás gastos del viaje con la tarjeta, luego pagan a su cuenta todo antes del periodo que corre intereses y así acumulan sus millas.

Otra ventaja de las tarjetas de crédito es que nos otorgan un estado mensual donde podemos observar todo lo que compramos con dicha tarjeta. Recuerdo un compañero que se preguntó a si mismo si tendría un problema con el alcohol después de revisar sus estado de cuenta, me lo enseñó y pidió mi opinión. En su mayoría los gastos que tenía eran de bares y licoreras. Yo le recomendé que se propusiera reducir las cuentas en licor y que estuviera atento a cuanto estaba consumiendo pues sin ser experto en adicciones se notaba que estaba teniendo un patrón inadecuado en el consumo de licor.

Una razón importante para tener una tarjeta de crédito es para realizar compras en el extranjero, ya sea que usted vaya a viajar o que quiera hacer compras por Internet. Algunas empresas tienen mucho temor que su compañía sea utilizada para lavado de dinero y por tanto no quieren vender en efectivo, y aunque no lo admitan para evitar ser tachadas de racistas, muchas de esas compañías no se arriesgarían a venderle en efectivo a un latinoamericano procedente de los países donde hay narcotráfico. Entonces estas empresas exigen que los pagos se hagan con tarjetas de crédito. La lógica de esto radica en que al comprar a crédito una persona compra con dinero que no tiene, es dinero prestado y por tanto no puede ser dinero lavado; y si fuera que alguien paga sus tarjetas con dinero lavado pasaría a ser problema de la empresa de tarjetas y no de la tienda que vende online. En conclusión, para comprar en esas tiendas hay que tener tarjeta de crédito.

Otra razón algo paradójica por la cual resulta adecuado tener una tarjeta de crédito es para poseer un buen historial crediticio. Un hombre que nunca se había endeudado sino que ahorraba para hacer sus compras, un día se vio frente a una emergencia y fue a pedir un crédito, pero en el banco no querían darle mucho pues no sabían si sería "buena paga" o no, ya que nunca se había endeudado antes. La persona que tenga una tarjeta y la mantenga ordenada no tendría este problema.

Emergencias

Ahora analicemos un aspecto del ejemplo que acabo de mencionar, el hombre tuvo una emergencia. Muchas personas que adquieren una tarjeta dicen: *Es para una emergencia,* pero vale la pena preguntarse ¿Qué es una emergencia? En capítulos anteriores mencionábamos las diferencias entre compras importantes y urgentes. Las emergencias por definición son urgencias, aparecen repentinamente y se supone que no nos dejan otra opción más que hacer el gasto correspondiente. Ejemplos de emergencias pueden ser las provocadas por accidentes, o la aparición de una enfermedad o quebranto de salud que nos fuerza a acudir a un médico. Otra emergencia puede ser un daño repentino en un electrodoméstico de alta importancia, como la cocina, la lavadora y la refrigeradora; o una avería del auto; también podría ser tomar un taxi a media noche para ir al hospital; otra emergencia de menos importancia, pero de exigencia inmediata sería comprar zapatos en la tienda más próxima pues se destaparon los que andaba puestos.

Ante una de estas situaciones yo podría comprender que cualquiera recurra a su tarjeta de crédito para solventarla. Pero después le preguntaría a la persona ¿Y pagaste el monto gastado a la tarjeta antes de los cuarenta días o el periodo que corresponde? Ante esta pregunta muchos arrugan la cara y dicen *Claro que no, no tengo dinero, por eso usé la tarjeta porque era una emergencia.*

Pero esta no es la respuesta de una persona financieramente ordenada, que entre otras cosas se ha preparado para las emergencias. En el apartado sobre ahorro mencionaba casos de emergencias que las personas resuelven con el dinero que tienen guardado para dichas situaciones. Además una persona financieramente ordenada tiene seguros a los cuales recurrir en casos de emergencia más grandes como robos, choques o incendios.

Otro problema mucho más grave es cuando una persona considera que una emergencia es aprovechar el descuento que se encontró en una tienda, esos zapatos divinos con un 50% de descuento ¿Cómo no los voy a comprar? Pasa la tarjeta y resulta que no hay forma de pagar antes de que corran los intereses por dicha compra emocional no presupuestada ni pensada con ninguna anticipación. Y para colmo muchas veces las compras emocionales vienen acompañadas de una característica horrible, al llegar a casa y volver a ver dichos zapatos, muchas veces ya no se ven tan geniales, otras veces después de varios días en el armario se encuentran como unos zapatos horribles que no sabemos qué hacer con ellos.

Estudie su comportamiento con las tarjetas

Analice como viene utilizando sus tarjetas, revise los estados de cuenta y estudie las compras que hace, vea si ha pagado a tiempo. Usted puede escoger entre dos caminos:

Uno es aprender a utilizar adecuadamente la tarjeta para realmente sacarle provecho a los intereses. Esto es usar la tarjeta para los gastos y compras programados en el presupuesto mensual y por supuesto pagar a tiempo antes de que corran intereses. Le recomiendo que anote siempre, ya sea en una libreta o en el teléfono inteligente cada vez que hace un pago con su tarjeta, y así tenga la información a mano antes de que llegue el estado a final de mes. Luego compara sus propias anotaciones con los estados que envía la empresa y tal vez hasta le sirva para descubrir si su compañía de tarjetas es de las que inventa cobros extraños sin razón o si son honestos con las millas acumuladas.

El segundo camino es tomar la decisión de acabar con sus tarjetas. Esta decisión pueda que usted tenga que tomarla por varias razones, una es que después de hacer un poco de retrospectiva llegue a la decisión que la tarjeta es una tentación constante, que le trae más problemas que beneficios y que por su personalidad impulsiva usted entiende que tiene que deshacerse de ella. Otra es porque usted tiene muchas tarjetas, y si lo que quiere es obtener algunos beneficios y estar listo para las verdaderas emergencias una o dos tarjetas son más que suficientes, las demás solo traen dificultades porque cobran seguros, comisiones y otras tarifas a veces ni siquiera planeadas, entonces en definitiva lo mejor es cancelarlas.

Terminar con una tarjeta no es tan simple como tomar unas tijeras y destruirla (consejo que leí en el libro de un experto en negocios) pues aunque el plástico desaparezca la cuenta continuará existiendo, así que lo primero que tiene que hacer es cancelar el monto adeudado. Si finalmente se decide por eliminar una tarjeta es posible que tenga que llamar a la compañía, y ellos harán lo posible por retenerla(o) a usted como cliente, le ofrecerán descuentos, productos, quizá hasta dinero en efectivo para que no se vaya, pero si usted realmente tomó la decisión de dejar esa tarjeta manténgase firme en su no. "Ni aunque me regalaran una casa" escuché una vez a un hombre decir por el teléfono a una operadora a la que llamó para que cerraran su cuenta. Obviamente nunca llegarán a ofrecerle tanto pero es importante no dejarse seducir por alguna regalía, pues al final ¿A quién no le conviene aceptar un 15% de descuento en combustible? Pues a la persona que hace gastos mucho mayores a ese 15% y por tanto pierde dinero con la tarjeta.

La trampa de la cuota baja

En los últimos años muchas cadenas de tiendas de electrodomésticos han desarrollado las estrategias de vender a crédito, usualmente tienen muy pocos requisitos o del todo no tienen ninguno, con solo presentar la cédula cualquier persona puede acceder a un crédito. Todo eso se ve muy bien para los consumidores, y cuando les explican que por su compra pagarán una cuota muy pequeña, la emoción crece, muchos piensan que jamás podrían tener el monto para comprar dichos objetos de contado, agradecen a la tienda, creen que les están haciendo un favor. Pero eso no es así. La publicidad de dichas tiendas presenta gente humilde para crear empatía y hacer lazos con los que tienen menos recursos, presentan actores como personajes de la clase trabajadora comprando celulares y otros artefactos supuestamente reservados para la clase alta por su precio elevado, y le dicen a los consumidores potenciales que no se preocupen, que pueden adquirir dichos artefactos a cuotas muy pequeñas "que no se sienten". Pero la realidad es que debido a los altos intereses terminan cobrándole al consumidor más del doble, en ocasiones el triple de lo que originalmente cuesta dicho producto.

Intereses abusivos

Tal vez usted comprende muy bien que es un interés y puede calcular porcentajes con toda facilidad, o quizá usted a pesar de ser una persona inteligente con muchas capacidades desconozca realmente que son los intereses y como se calculan (todos somos ignorantes, pero no todos ignoramos las mismas cosas. Albert Einsten), o más aún para qué sirven, qué es lo que significan.

En referencia a las tiendas que venden a crédito vamos a explicar los intereses como el dinero que se gana la empresa por hacerle a usted "el favor" de darle crédito. Entre más alta sea la tasa de interés más ganan ellos y más pierde usted como comprador.

Trabajé en una financiera que era parte de una muy importante cadena de supermercados en el país, también vendían electrodomésticos y todo tipo de artefactos tecnológicos, ahí se ofrecía a los clientes tarjetas de crédito con altísimos intereses. Una vez en una junta empresarial el gerente dijo frente a todos los empleados presentes: "otra vez salimos en los primeros lugares en el estudio que publica anualmente el Ministerio de Economía sobre las tarjetas con los intereses más altos del país, y otra vez no nos importa…"

Yo me quedé atónito en ese momento, luego el gerente prosiguió: "a nuestros clientes no les importa que les pongamos intereses altos mientras les demos el crédito, es más muchos ni saben qué es un interés; cuando les decimos que por la plancha tienen que pagar mil mensuales se emocionan y piensan que eso si lo pueden pagar, aunque al final paguen el equivalente a tres planchas" En ese momento lo que pensé es que trabajaba para unos usureros, pero igual yo no tenía poder alguno para cambiar las cosas. Ahora al escribir este libro quiero abrirle los ojos a la gente, sé que las grandes financieras continuarán enriqueciéndose a costa de los más humildes. Pero si logro enseñarle a tener mejores hábitos financieros a unas cuentas personas para que se defiendan de las compañías abusadoras y logren ir mejorando su condición, me sentiré muy satisfecho.

En las tiendas que vengo mencionando un interés considerado "bajo" es de un 40%, he visto casos que alcanzan más del 60% anual es el interés mensual. Es muy común que al hablar sobre intereses se utilice el dato anual, pero mes a mes se hace un cálculo de cuanto hay que pagar en intereses y por tanto el interés que realmente vale es el mensual. El cálculo del interés mensual es tan simple como dividir la tasa de interés entre doce.

Hagamos unos ejemplos con números bastante sencillos, en los anexos vienen unas tablas en las que podemos ver mes a mes los movimientos que en estos ejemplos vamos a explicar.

Caso 1: Un objeto cuesta ₡100.000 y lo venden a crédito con un interés (que por cierto es un dato que las tiendas publican literalmente en letra diminuta) de un 50% anual equivalente a un 4,17% mensual. Como puede observarse en la tabla el pago total en intereses por un crédito en estas condiciones es de ₡29.102, esto es aproximadamente un 29% del valor que nos prestaron. ¿Por qué se pagó 29.000 o sea 29% y no 50.000 que sería el 50%? Por qué en la cuota de cada mes va reflejada una parte que pertenece al principal, y por tanto en el mes siguiente el monto del cual se parte para calcular los intereses de dicho mes es más bajo, puede observarlo en la tabla en la columna monto a principio de mes.

En este ejemplo la tasa mensual debería ser de ₡10.758,5118, lo lógico es que la redondearan (siempre lo harán para arriba) a por lo menos ₡11.000 inventando cualquier tipo de comisión extra.

Caso 2. La "generosidad" (no puedo evitar ser algo sarcástico en ocasiones) de estas compañías va más allá. Ellos nos indican que una cuota de ₡11.000 es muy dura, difícil de pagar, nos harán por tanto el favor de darnos una micro cuota de 5411.3911 (redondeada a ₡5.450 cuando menos), solo que ahora pagaremos por tres años, ¿Genial no? Se distribuye mejor todo ya que nos ayudan con una tasa más cómoda, ¿o no? Pues no, pagando una cuota de unos 5400 y resto, al terminar el primer año todavía habrá un pendiente de poco más de ₡80.000. Esto quiere decir que después de todo un año pagando solo habremos reducido la deuda en menos ₡20.000, o sea un 20% aproximadamente. Doce cuotas de ₡5450 son ₡65400, y si de esos ₡65.400 solo ₡20.000 han reducido la deuda esto significa que más de ₡45.000 se los ha dejado la empresa en puros intereses en el primer año. ¿Y qué pasa con los dos años que faltan? Pues que seguimos pagando intereses. Sobre los ₡80.000 restantes se paga intereses, más de ₡33.000 durante el segundo año. Además al terminar este todavía estarán pendientes de pagar casi ₡49.000. Ya en el tercer año las cuotas cada vez abonarán más al principal, de esta forma se pagarán unos ₡13.500 de intereses y al terminar la deuda estará abonada en su totalidad.

En resumen por los tres años se pagaría un total de unos ₡94.810 en intereses. O sea casi el 95% del precio original del producto se pagaría en puros intereses, que es casi el doble.

¿Comprendemos cómo funciona la trampa de la cuota baja? En el segundo caso la cuota es casi la mitad de la que se paga en el primero, pero la empresa pasa de ganarse ₡29.000 a ₡95.000 en intereses. Esto es más del triple, además reitero, nosotros como clientes terminamos pagando casi el doble de lo que cuesta el artículo de contado.

Entendiendo esto podemos imaginar que si un producto tiene un interés mayor como un 64% y un plazo de unos 5 años, con facilidad la persona paga más de 3 veces el monto que vale de contado. Puede revisar los números de esto en la tabla correspondiente al tercer caso de los anexos.

Además, la ambición de las compañías no termina ahí. Como vimos en el segundo caso, en el que se endeudaba por tres años, en el primer año casi todo lo pagado eran puros intereses, en el segundo año aproximadamente la mitad eran intereses y la otra abono a la deuda y hasta el tercer año se lograba reducir el monto pendiente con más facilidad. Por tanto es muy común que las empresas antes de que comience el tercer año contacten a quienes les han comprado, para ofrecerle más productos y renegociar la cuota, extender de nuevo el plazo y poder nuevamente sacarle una gran tajada en intereses a los clientes. Es como una bola que no dejan caer, hacen lo posible para que esté arriba donde el usuario paga y paga y nunca llega a librarse de las deudas.

Pero aún si el cliente se reúsa a hacer una nueva compra, la empresa insistirá en darle "la regalía", ya que ha sido tan buen cliente, de rebajarle nuevamente la tasa extendiendo el plazo. Y si acepta, nuevamente empezará un ciclo de alto pago de intereses. Puede ver los números de esto en la tabla del cuarto caso que corresponde a una adecuación del caso dos aplicando una reducción de la cuota a partir del tercer año. Al terminar el segundo año la persona ya habrá pagado

₡ 80.172,09 en intereses y le falta de cancelar ₡50.298 (esto de los ₡100.000 originales, o sea poco más de la mitad) si la persona sigue pagando 5400 y resto, en un año no deberá nada, y habrá pagando en este tercer año un equivalente a ₡14.638 en intereses. Pero ahora la empresa le regala la disminución de la cuota a ₡2.721,86 por tres años y entonces el cliente pagaría ₡47.688,24 colones en intereses. Eso si no es que la empresa aprovecha la renegociación de la cuota para subir la tasa de interés, quizá solo un poco, quizá de 50% a 55% esto implicaría ahora poco más de ₡53.000 colones en intereses.

Pueda que el cliente no quiera aceptar el trato de bajar la cuota extendiendo a tres años, entonces lo convencen diciéndole que van a reducir los intereses de 50% a 45%, ahí podría parecer una excelente idea, y lo sería si se mantuviera el plazo de 1 año que lo que falta, pero extendiéndolo a 3 años, la empresa ganaría ahora ₡42.177.56 en intereses, o sea ₡27.539,56 más que antes.

En resumen, reducir la cuota extendiendo el plazo solo sirve para que gastemos más en intereses, es algo que nos puede ayudar en el corto plazo, pues si este mes tengo que pagar una cuota más baja el dinero me rendirá más para otros pagos, pero al final pagaré mucho más de lo que pedí prestado desde un inicio.

¿Y cuándo parará el ciclo? Pues hasta que el cliente lo permita. Es evidente que una vez más llamarán para ofrecer otro producto y juntar toda la deuda en una sola y empezar otra vez.

Muchos usuarios comprendiendo bien los números, o por puro instinto notan algo extraño con estos créditos quieren salir de ellos haciendo pagos anticipados, y se topan con que el contrato que firmaron no lo permitía o por hacerlos les cobran una tarifa adicional. Esto se da porque la empresa tiene como principal negocio lucrar con los intereses, más que con la venta misma de los electrodomésticos.

Lo invito a hacer la prueba, en su tiempo libre, un día vaya a alguna de estas tiendas e indíqueles su interés en algún electrodoméstico, luego dígale al vendedor que usted lo puede comparar en efectivo pero que también están pensando la opción de pedirlo a crédito ¿Qué cree que les dirá en vendedor, qué prefiere él y la empresa? En la gran mayoría de estas tiendas le dirán "que no se maltrate" que tome el crédito que al final son cuotas "que ni se sienten" y así tendrán ellos un mucho mayor margen de ganancia.

Entre ustedes los lectores hay dos grupos de personas, las que leyendo todo lo anterior se asombran pues han descubierto la verdad sobre los créditos fáciles, y está la parte que ya sabía todo esto, pero que aún así ha comprado varias cosas con esta modalidad y ahora podrían sentirse molestos conmigo pensando algo cómo "yo sé que me roban mucha plata ¿pero qué quiere que haga? Es la única forma de poder hacerme de cosas ya que yo no gano lo suficiente como para comprar de contado"

La persona que ha comenzado a cambiar su vida adoptando buenos hábitos financieros ya ha ido aprendiendo a hacer las cosas diferente, si ya leyó el capítulo de ahorro recordará el ejemplo de la costurera que guardaba un poquito de lo que ganaba hasta tener suficiente para comprar lo que estaba ocupando realmente.

Dejar los malos hábitos financieros puede ser tan difícil como dejar de fumar, pero los beneficios que esto trae son realmente provechosos.

Tasa cero

Para cerrar la parte de los créditos en las tiendas de electrodomésticos y similares, no puedo dejar mencionar una modalidad diferente que también se ve en los comercios de Costa Rica, es la venta a tasa cero. Esto significa que la empresa toma el precio del objeto y lo divide entre el número de meses que ofrece para pagarlo, he visto 3, 6, 9 y 12 meses etcétera. El pago por intereses es cero. Toda la teoría financiera indica que para el usuario es más beneficioso este sistema que el de comprar en efectivo propiamente, porque por una cuestión de inflación cinco mil colones en enero valen más que los mismos cinco mil en diciembre próximo.

Además con el dinero en la bolsa se pueden atender más necesidades que si se lo damos a la tienda. Yo compré un televisor y una cocina en diferentes años con este sistema. Pero nuevamente el consumidor tiene que tener cuidado, cruzándome con el tema de los buenos hábitos de consumo recalco aquí que nunca se debe comprar más de lo que realmente necesitamos o podamos pagar, por más que nos lo ofrezcan a varios meses sin intereses.

Me ahogan mis deudas ¿Qué hago?

Tal y como lo mencioné al principio del libro, la persona de clase media alta, en mi opinión entre otras características, es una persona que ha logrado dejar atrás todas sus deudas. Así que plantearse eliminar las deudas es una meta aplaudible pero complicada.

Cuídese de las deudas tóxicas

Evidentemente lo que deseamos dejar claro en este libro, es que las primeras deudas que deben desaparecer son las más tóxicas. Hay deudas tan tóxicas que deben desaparecer casi a cualquier precio. Mencionaba que existen prestamistas por fuera del sistema financiero, ellos cobran intereses más altos. Pero entre los prestamistas también hay categorías, algunos de ellos son legítimos criminales que obtienen su dinero del tráfico de drogas y usan la extorsión para cobrar, incluso no les tiembla la mano para asesinar a quien se atrasa con los pago. Un ejemplo de ellos son los créditos "gota a gota" un sistema que nació en Colombia y se ha expandido por Latinoamérica, ha sido ampliamente denunciado por las autoridades en los medios. Cobran pequeñas cuotas con un interés altísimo y a quien no paga lo obligan por cualquier medio.

La primera recomendación es que jamás, nunca, bajo ninguna circunstancia que se le presente tome un crédito de estos. Pero si ya está metido con esta clase de deudas, salga de inmediato a empeñar el televisor, los anillos, venda lo que tenga en la alacena aunque solo sea una bolsa de sal pues mejor pasar hambre esta noche que morir mañana por no pagar; haga lo que sea pero junte el dinero cuanto antes porque se pagan intereses sobre intereses y por un pequeño monto que le prestaron puede perderlo todo.

Conozca sus deudas

Ahora, si su situación no es tan crítica, y aunque sus deudas sean tóxicas no atentan directamente contra su vida, puede tomarse un tiempo y analizarlas, para ver cuál es la mejor estrategia para enfrentar su situación.

Algo a lo que muchas personas recurren mes a mes es a tomar una deuda para pagar otra, y así sobrevivir. Para quien tiene problemas financieros llegar a final de mes con los servicios básicos pagados y algo en la alacena es un logro, una hazaña que consume mucho tiempo y energía, pero en ocasiones el precio de la sobrevivencia inmediata a largo plazo es muy caro. Las deudas se comportan como una espiral cada vez más grandes, por tanto es necesario estudiarlas para poder entenderlas y salir de ellas sin perecer en el intento.

Uno de los primeros asuntos que hay que comprender sobre las deudas que tenemos es saber cuál es la tasa de interés que tienen, cuál es el plazo, la cuota, cuánto tiempo llevo pagando y cuando he cancelado del monto original en este tiempo y por tanto cuánto falta por pagar. En los casos de los electrodomésticos a crédito presenté unas tablas, las empresas que prestan siempre hacen esas tablas, pero casi nunca las muestran a los usuarios, pues saben que con ellas y una calculadora mucha gente aún con conocimientos básicos de matemática y nulos de finanzas notaría las verdaderas condiciones de los créditos. Así que le recomiendo pida las tablas de amortización a su acreedor, pregúntele cuánto ha pagado, cuánto han sido puros intereses y cuánto falta para terminar; si no quiere darle la información solicite su derecho, y también aunque le pueda parecer difícil haga usted mismo la tabla.

Si realmente sacar cuentas no es parte de sus habilidades es recomendable que busque ayuda, quizá un familiar de confianza o un asesor personal, como yo puedan ayudarle en este proceso. Lo importante es hacer todo un panorama de la realidad crediticia que usted tiene, y poder analizar los datos, recapacitar si tales deudas son palancas (ayudan a salir a adelante) o son tóxicas (empobrecen).

Planee la forma de reducir las deudas

Luego debe establecer una estrategia a seguir para superar la situación crediticia. En ocasiones con solo cambiar hábitos de consumo y por tanto reducir costos se puede obtener un dinero extra que se puede destinar al pago de deudas; en otras ocasiones es necesario hacer sacrificios más grandes y vender algunas pertenencias que no son fundamentales, pero que nunca debieron comprarse pues aunque suene duro decirlo, usted nunca tuvo la capacidad real para pagarlas.

Si usted tiene varias deudas las puede clasificar desde la más tóxicas a la menos y luego enfrentarlas siguiendo alguna de estas dos metodologías:

- **Acabar las deudas de una en una.** Esto es pagar únicamente el monto mínimo a las deudas menos tóxicas y cancelar lo más rápido que pueda las peores, luego podrá continuar con las pendientes.

La principal ventaja de este sistema es que exige que la persona se involucre pues mes a mes debe estar monitoreando el comportamiento de sus deudas, está consciente de lo duro que es pagarlas y por tanto no volverá a caer en ellas tan fácilmente. Después experimentará la agradable sensación de terminar una deuda por completo una vez que logre acabar con la más tóxica de todas, esto será motivación para volver a sentir lo mismo deshaciéndose de la segunda y así sucesivamente. Una desventaja es que por varios meses, quizá años seguirá pagando altos intereses pues muy posiblemente no tendrá el dinero para acabar dichas deudas prontamente.

- **Acudir a la compra de deuda.** Una buena compra de deuda le permitirá cambiar deuda tóxica por un apalancamiento. La compra de deuda es ofrecida por muchos bancos, cooperativas y financieras. Consiste en un préstamo que debe usarse para pagar las deudas de altos intereses que se adquirieron para comprar electrodomésticos, por el uso de tarjetas de crédito, compra de carro, casa y demás.

Lo lógico es que este nuevo préstamo ofrece mejor circunstancias que el o los anteriores, sino no valdrá la pena como el caso que conocí de un muchacho que tenía un préstamo para educación que son de los que tienen los intereses más bajos del país, y sacó otro préstamo en una financiera con intereses más altos para pagar el primero.

La compra de deuda también ofrece la ventaja de conglomerar varias deudas con diferentes intereses y con distinta duración en una sola deuda, lo que permite más orden y usualmente una tasa más baja por mes con un solo pago. Pero este sistema también tiene tres importantes desventajas:

La primera es que normalmente cuando un banco ofrece comprar deudas solo va a aceptar las que son formales, así que si le debe a un prestamista que no es formal, el banco no le suministrará el dinero para pagar dichas deudas que son las más tóxicas y por tanto las primeras que usted debe acabar.

La segunda desventaja es que este tipo de préstamos casi siempre los hacen únicamente a quien tiene un trabajo formal bien pagado o a quien tenga una propiedad para hipotecar como garantía de este nuevo préstamo. Así que si usted es microempresario o trabaja en una compañía que no le hace un contrato a largo plazo pueda que no aplique para este tipo de préstamo.

La tercer desventaja es la más peligrosa de todas, consiste en que muchas personas después de adquirir la refundición de deudas se sienten liberadas, pasaron de recibir todo el tiempo llamadas de cobros a que les vuelvan a ofrecer tarjetas y otros créditos, entonces algunos caen. Adquirieron la compra de deuda para limpiar sus tarjetas de crédito pero no se deshicieron de las mismas y las están utilizando otra vez. Y al cabo de un tiempo tienen nuevamente un montón de deudas, la de la reunificación más las tarjetas otra vez al tope y quedan en una situación mucho peor a la que tenían al principio. Si usted va a optar por una compra o reunificación de deudas asegúrese que no le suceda esto, pues de ser así caerá muy profundo, le embargarán, será más pobre, perderá lo que tiene. No permita que esto suceda, tome el control de su vida y de sus finanzas antes de que sea muy tarde.

Arreglos de pago

Ahora supongamos que usted esté en el caso de no poder hacer frente a sus deudas, quizá ya tiene cuotas atrasadas. Si este es su caso es importante que se acerque a sus acreedores y con sinceridad les explique que está con problemas financieros y que necesita un arreglo de pago. Si usted logra negociar uno de estos arreglos con sus acreedores, ellos no llegarán al extremo de embargarlo o ejecutar la hipoteca de su casa. La mayoría de las instituciones financieras prefieren hacer arreglos de pago, pues por ejemplo tomar una vivienda para un banco es costoso, tiene todo un proceso legal que les cuesta plata, y luego tienen que vender la casa, esto en ocasiones le toma años a un banco, por tanto en definitiva ellos prefieren que sus clientes encuentren la forma de pagar.

El historial crediticio

Algunas personas no tienen ningún bien a su nombre y no les preocupa un embargo. Hay otras personas que descaradamente desde el momento que piden un crédito están pensando en no pagar. Quien no paga un crédito mancha su historial crediticio. Hoy en día vivimos en la era de la información y todas las empresas que ofrecen préstamos de un tipo u otro se comunican entre sí. En Costa Rica la SUGEF lleva un registro del historial crediticio de todos los habitantes. Una mancha dura años en ser borrada. Si usted siendo estudiante obtiene un crédito por un celular y no paga cuando sea profesional y quiera comprar una casa pueda que encuentre trabajas por su comportamiento en el pasado. Incluso a la hora de buscar trabajo las empresas acceden a sus bases de datos y revisan el comportamiento crediticio de los aspirantes, sobra decir que casi nadie quiere contratar a alguien a quien han enviado a cobro judicial por no pagar sus cuentas.

Perder bienes por deudas un camino rápido al empobrecimiento

Hay personas que por diversas razones ya sea desorden, o que no crean que realmente la empresa acreedora pueda ejecutar un cobro judicial no pagan sus deudas y llegan a perder sus bienes. He conocido algunos casos donde algunas personas han perdido incluso su casa por no pagar las tarjetas, la cuota de algún electrodoméstico o incluso llegan al extremo tan ridículo de perderla por no pagar los recibos del agua. Pongamos unos números sencillos para comprender esto, una persona tiene una casa pequeña sencilla de unos 35 millones de colones y por acumular unos 60.000 de deuda pierden la casa, esto es mucho menos del 1% del precio de la casa. Alguien podría decirme que la persona en cuestión perdió su trabajo, estaba enferma y no tenía ningún ingreso y que por eso no pagó; pero aún en esa situación tan extrema cuando la persona es ordenada puede encontrar una salida menos inconveniente, entre otras cosas puede tomar decisiones como recortar gastos, vender sus electrodomésticos y muebles, acudir a abogados para evitar que el cobro judicial llegue a ejecutarse y si es necesario vender la casa, así pagará el monto adeudado y le quedará algún dinero para enfrentar la vida, pagar un alquiler, comprar comida, etcétera.

Cuando me doy cuenta que alguien pierde sus bienes por deudas pequeñas y decisiones pésimamente tomadas (quedarse en la casa sin hacer nada hasta que acude la policía a ejecutar el desalojo es la peor de todas) llego a la misma conclusión:

Las personas que desarrollan buenos hábitos financieros están destinadas a crecer, pero quienes día a día empeoran en su comportamiento financiero pronto caerán hasta lo más bajo de la escala socio económica y no saldrán de ahí hasta que cambien de comportamientos.

Créditos para PYMES, mujeres, aborígenes, personas con discapacidad y otras minorías

En el sistema bancario nacional existe todo un programa llamado banca para el desarrollo, este consiste en el otorgamiento de créditos con condiciones mejores a las que se presentan en el mercado, con el fin de ayudar a que las personas puedan establecer empresas, pequeños emprendimientos que generen empleo y den movimiento a la economía del país. Por definición estos son créditos palanca, es más son las palancas más positivos que hay en el mercado, en mi opinión solo superados por los créditos para estudiar.

También como parte de la responsabilidad social que los bancos quieren desarrollar tienen programas para grupos sociales en condiciones de vulnerabilidad como lo son las mujeres, las personas con discapacidad, etcétera. Estos esfuerzos son muy loables cuando son legítimos, pero a usted como usuaria(o) tengo que hacerle una recomendación. Varios bancos, financieras, tiendas de electrodomésticos o ropa entre otros, en ocasiones utilizan trucos para atraer la atención de estos grupos en vulnerabilidad, y en lugar de ayudarlos los explotan. Hay lugares donde ofrecen créditos para mujeres y resulta que son créditos con tasas de interés más altos que los comunes, pues en vez de buscar ayudarlas desconfían de su capacidad de pagar y por tanto les dan una tasa más alta, para que la que sí paga reponga la cuota de la que no lo puede hacer.

Lo he visto anunciado en varias tiendas "créditos para amas de casa" o "créditos para albañiles" y como son personas a las que las entidades serias no les prestan pues les presentan mil requisitos para al final responderles que ellos "no aplican" al crédito, se sientes apoyadas por la tienda, creen estarse empoderando pero no es así. Preste mucha atención, no se deje explotar.

Quiero obtener un crédito palanca ¿En qué aspectos debo fijarme?

Si usted quiere optar por un crédito para establecer un negocio, adquirir una casa o hacer una refundición de deudas es importante que tome esta decisión con inteligencia, es su trabajo informarse y entender varios aspectos antes de optar por el crédito.

Lo primero que debe analizar bien es el monto que va a pedir. Yo le aconsejo solicitar el monto más bajo que se adecue a la necesidad que quiere cubrir y no por el contrario que adquiera el más alto para el que aplique. Un ejemplo de esto es la pareja de novios que estudiando el mercado llegan a la conclusión que con un crédito de cincuenta millones de colones pueden adquirir una buena casa, pero al presentarse en el banco les indican que a ellos les pueden prestar setenta millones, entonces la pareja se alegra y pide los setenta para comprar una casa más fina y elegante a la que originalmente habían deseado. Si por el contrario ellos piden solo los cincuenta tendrán que pagar una cuota más baja y quedarán con más dinero disponible mensual, si lo ahorran podrán adquirir el menaje de su casa sin más deudas, luego el carro y quizá después de un tiempo hasta lleguen a la conclusión que ellos pueden comenzar a hacer abonos extra a su hipoteca para salir de ella en menos tiempo. Y entonces sí, pasados quizá unos quince años estarán con la posibilidad de cambiar su casa por otra más grande y elegante, pero ahora como miembros de la clase media alta que han alcanzado.

En el otro escenario, ellos desde jóvenes aceptan los setenta millones comprometiendo una gran parte de su ingreso, vivirán en una casa muy hermosa, por la cual deberán pagar impuestos más altos, a la vez que sus salarios estarán comprometidos con el pago de la casa y por tanto no les quedará suficiente saldo para comprar los artículos del hogar y deberán recurrir a créditos, será lo mismo con el carro. Además algo complicado es que por tener una casa grande y fina se sienten de alto estatus, así que no van a comprar un auto barato que desentone en la cochera, necesitarán uno elegante, y tampoco comprarán muebles de segunda (consejo que de paso doy a personas que recién se han independizado o casado). Esta pareja perteneciente a la clase media irá acumulando deudas año tras año, y un día pueda que simplemente no puedan más, y dejando de pagar les embargarán su auto, quizá el salario también y en el peor de los casos hasta la casa. Ellos entonces caerán de la clase media a la baja, pues con el salario embargado y sin casa para vivir pueda que terminen durmiendo en una habitación o en la bodega de herramientas de un familiar o amigo y empeñando cuanto tengan para comprar comida.

Tasa fluctuante

Ya hemos analizado el cuidado que hay que tener con los intereses cuando se compra un electrodoméstico. Cuando los créditos son a plazos largos como los hipotecarios casi ningún banco hoy en día presenta tasas de interés fijas, lo normal es que se basen en una tasa fluctuante. En Costa Rica se utiliza la TBP (tasa básica pasiva), la tasa Libor o la Prime. Para explicarlas en pocas palabras las tasas fluctuantes son un dato que puede variar con el tiempo según como se comporte la economía, si la situación a nivel general se complica las tasas subirán y el usuario deberá pagar más.

Por ejemplo Ana y Ricardo obtuvieron un crédito para vivienda con una tasa de interés de TBP+5,5% para ese momento la TBP era de 6,5%, entonces la tasa de interés que ellos pagan es un 12%. El monto son 50 millones y plazo son 30 años. Con estas características ellos tienen que pagar una cuota de ₡514.306,3 mensuales. Ahora ¿Qué pasa si al cabo de unos 8 años la TBP sube en un punto, pasando de 6,5 a 7,5%? pues que la cuota subiría a ₡553.465 esto sería unos ₡39.000 más que al inicio del crédito lo cual es un monto aceptable, posiblemente no afecte mayor cosa las finanzas de Ana y Ricardo. Pero ¿Qué pasa si después de 5 meses de iniciar con el crédito la TBP sube 3 puntos, pasando de 6,5 a 9,5%? Con estos cambios en TBP provocados por el comportamiento de las variables económicas, la cuota que Ana y Ricardo tienen que pagar por su casa subiría a ₡632.690,5 lo que significa más de ₡118.000.

Sería comprensible que dicho incremento pusiera en aprietos las finanzas de Ana y Ricardo, más aún si ellos no entendieron que la cuota podía variar y por tanto no tienen ningún margen en su presupuesto, tienen todos sus ingresos comprometidos. Cuando les indicaron que aplicaban para el crédito hipotecario les dijeron que comenzarían pagando cerca de ₡500.000 y ellos sacando sus propias cuentas dejaron su presupuesto muy ajustado. Ana Y Ricardo además de pagar por la casa tienen que pagar agua, luz, gas, celulares con internet, comprar comida, el gimnasio, el crédito del carro de Ana y el carro de Ricardo, planes médicos, cuota a la agencia de viajes, colegiatura, entre otros gastos, y no disponen de los ₡118.000 extras que la variación en la tasa les está exigiendo por el crédito.

Se entiende que los aumentos en las tasas de interés son un fenómeno negativo para la economía, principalmente para los deudores, por tanto las instituciones gubernamentales que tiene poder de intervención usualmente hacen lo posible por mantener las tasas estables, peor poder predecir los movimientos de la economía que hacen fluctuar a las tasas de interés es algo muy difícil de hacer.

En conclusión, quien toma un crédito con tasa variable tiene que entender que la cuota puede cambiar, por tanto hasta donde sea posible debe dejar un margen libre en su presupuesto, si la tasa no variara ese margen se acumularía como ahorro lo cual sería muy positivo para la economía de la persona.

No se cierre las puertas, tome un crédito cuando lo amerite

Recuerdo con dolor el caso de un muchacho que conocí. Él venía de una familia muy pobre y en cuanto terminó la secundaria empezó a trabajar como misceláneo, a pesar de que era muy inteligente no estudiaba y cuando le pregunté la razón me indicó que simplemente no tenía dinero para hacerlo. Entonces le hablé de los créditos para estudiar pero el de inmediato se mostró negativo. Me indicó que él no se endeudaba "¿Y si no puedo pagar?" me indicó. Mi respuesta no le gustó aunque fue muy honesta y profesional "si no puedes pagar no pagas" le indiqué, al ver su cara agregué "no estás pidiendo un préstamo para un televisor, es tu estudio, es algo por lo que realmente vale la pena arriesgarse".

En Costa Rica no existe la pena de cárcel por falta de pago de deudas. Si alguien no paga los bancos ejecutan las garantías que solicitaron y nada más. Si un estudiante toma un crédito para una carrera y él no tiene propiedades que le embarguen ¿Qué riesgo corre? Mi amigo, por ejemplo temía que le embargaran el salario, pero él siendo tan responsable como lo es, no dejaría de pagar mientras tuviera trabajo, si se quedara sin trabajo tampoco habría salario para embargar por tanto su temor carecía de fundamento.

Es muy lamentable que personas como este muchacho por un temor exagerado al endeudamiento se cierren las puertas y no se permitan la oportunidad de obtener una palanca que realmente les ayude a impulsarse hacia adelante.

Aspectos básicos sobre inversión

Para no olvidar el tema de este libro, recordamos a las personas de la clase media alta a la cual aspiramos llegar, mencionaba que estas personas tienen algunas inversiones, esto lo logran porque ellos continuamente ahorran y como algo natural dan el siguiente paso que es invertir. Es un hecho que si alguien logra dominar el arte de invertir llegará a la clase alta.

Como se menciona en el apartado de ahorro, no es necesario eliminar por completo las deudas antes de empezar a ahorrar y después a invertir, principalmente si la deuda es una hipoteca que suele ser a más de veinte años.

La inversión es el siguiente paso después de alcanzar la estabilidad, en la que mantenemos un control de nuestros gastos siempre por debajo de nuestros ingresos, acabamos con la deuda tóxica y hemos aprendido a ahorrar.

Invierta para evitar retroceder económicamente

¿En que invertir? Lo primero es en seguridad. Esto es prepararse para eventualidades que pueden desestabilizar la situación socioeconómica de cada persona. Esto se hace principalmente adquiriendo seguros. Es recomendable tener como mínimo un seguro de vida, uno contra incendio, si tiene carro uno para casos de accidentes. De ahí en adelante puede adquirir otros más. Pero, por ejemplo si usted no tiene objetos demasiado costos en casa puede que le salga más caro el seguro antirrobos que el robo en sí mismo. Si le gusta hacer sus propias reparaciones no tiene sentido el seguro de asistencia en el hogar. No se trata de ir a la aseguradora y pedirlo todo, pero si es importante que se tome su tiempo para escoger cuáles seguros considera importantes.

Los seguros como tal no le van a generar una ganancia, pero en caso de siniestro le permitirán ahorrarse mucho dinero.

Piense en el largo plazo

Lo segundo es pensar en el futuro. En Costa Rica hay varios sistema de pensiones, la mayoría de costarricenses estamos afiliados al sistema de pensiones de invalidez vejez y muerte de la Caja Costarricense del Seguro Social. Pero son muchos los expertos tanto de esa institución como externos, que se preocupan por la capacidad de subsistencia que tiene ese sistema para continuar funcionando en el tiempo y lo mismo ocurre con los demás sistemas de pensiones públicas en los otros países latinoamericanos. Es por eso que existen las pensiones complementarias. En Costa Rica existe la SUPEN que es un ente público que puede asesorar a las personas sobre las opciones de pensiones complementarias que existen. Si usted vive en otro país le recomiendo buscar que opciones hay de pensiones voluntarias. Las pensiones complementarias pueden realmente ayudarle a tener una vejez sin carencias, ahorrar en un sistema de estos es una forma de garantizar un futuro estable para usted.

Los latinoamericanos somos muy dados a vivir el hoy, tal y como lo mencionaba en la sección de consumo. Mucha gente compra al día lo que necesita por la poca capacidad de pensar en mañana. Hay personas acostumbradas a hacer todo a tan corto plazo, que no pueden pensar ni en unas horas hacia el futuro. Un ejemplo es en el momento de estacionar un carro, muchas personas llegan al lugar de parqueo que está completamente vacío, ven un campo disponible y se parquean hacia adelante con toda la facilidad, lo hacen rápidamente sin complicaciones, pero una hora después con el parqueo lleno están sacando el carro en reversa con gran dificultad, sin visibilidad y una gran preocupación ¿Qué les costaba parquear en reversa cuando llegaron? Se hubieran ahorrado problemas al salir, pero ni siquiera lo pensaron por la falta de cultura en pensar en el futuro.

Un compañero de mi trabajo decía que no quería ahorrar para una pensión complementaria "¿Y si me muero antes?" dando a entender que habría desperdiciado todo el dinero ahorrado "¿y si llegas a viejo sin dinero?" le respondí yo. Para quien es ordenado no implicará un problema financiero destinar una parte de su presupuesto a una pensión que verá dentro de treinta años.

Un negocio es una forma de invertir

Invertir dinero siempre implica riesgo, este puede ser muy alto como apostar en el póker o puede ser bajo como comprar bonos de deuda del gobierno de Estados Unidos. Si usted apuesta de seguro que lo pierde todo, pero en caso de ganar obtendrá una gran ganancia, si compra bonos del gobierno de EEUU no perderá dinero, pero la ganancia es poca. Y en medio de estas dos opciones extremistas existen miles de posibilidades para invertir.

Una opción siempre es invertir en proyecto personal, tal y como lo mencionamos en el capítulo primero sobre estudio, trabajo y ahorro. Pueda que usted tenga el potencial para empezar un emprendimiento fructífero. Analícelo pero no se asuste, pueda que la mejor inversión sea esa idea propia que no se ha atrevido a hacer.

Otra opción es invertir en el proyecto de un familiar o un amigo, el riesgo suele ser mayor pero a muchas personas les ha funcionado pues no tienen una idea para innovar pero conocen a quien que sí, y ponen su dinero para apoyar dicho proyecto, al final pueda que ambos ganen.

El mercado financiero para inversionistas

El mercado bursátil es donde se venden y compran acciones de empresas, bonos y otros valores. En Costa Rica no existe una verdadera bolsa de valores, los costarricenses que deciden invertir en este mercado generalmente recurren al mercado de valores de New York, o de otras ciudades. Para poder tener éxito en el negocio de la venta y compra de valores se necesita tener conocimiento sobre cómo se comportan las grandes compañías y la economía mundial, quien no tenga estos conocimientos puede contratar un agente de bolsa que le hará recomendaciones. Claro los agentes de bolsa no trabajan con pequeños capitales. En Costa Rica si usted llega con menos de cien mil dólares donde un agente de bolsa le recomendará que invierta en un fondo de inversión y no en acciones.

Por esta razón el mercado bursátil no es para la mayoría de las personas, queda casi reservada para la clase alta, menos aún para quienes pertenecen a la clase media y aspiran llegar a la media alta. Las opciones son otras. Existen en primer lugar, los ahorros programados, los certificados a plazo, y otras opciones que ofrecen intereses a los inversionistas. Algunas inversiones no tiene mayor riesgo y el banco garantiza el pago del total con sus intereses, estos instrumentos ofrecen una ganancia más modesta que la ofrecida por otros instrumentos que eventualmente podría generar pérdidas.

Usualmente los certificados a plazo y otros instrumentos financieros se basan en la tasa básica pasiva que determina el Banco Central. Como ya se mencioné en el apartado sobre créditos que las tasas de interés aumenten se considera algo negativo y por tanto es normal que los gobiernos busquen mantener las tasas de interés bajas para no perjudicar a las personas que tiene préstamos, pero subir las tasas es una de las maniobras que los gobiernos con cierta frecuencia tienen que hacer para mantener la economía estable. Cuando los intereses suben evidentemente todos los que tienen deudas se preocupan, pero aunque no lo digan públicamente las personas que han superado sus deudas y ahora tienen inversiones sonríen porque con tasas más altas ganarán más. Así que el mismo fenómeno que es considerado negativo para la mayoría, es positivo para algunos, la clave sin dudarlo es pasarse del bando de los deudores, al de los inversionistas lo antes posible.

De esta situación podemos aprender que avanzar económicamente es como atravesar una montaña, al principio se va cuesta arriba y el camino es muy duro, de hecho muchos no logran subir. Pero una vez que se alcanza la cima se va cuesta abajo y muchas veces los recursos se multiplican casi podemos decir que solos. Muchas personas llegan a tener un monto alto que ponen en un certificado y viven de los intereses, o si tienen un salario o pensión con el cual mantenerse, pueden reinvertir los intereses y multiplican su dinero. Veamos un ejemplo:

En una entidad bancaria se paga un 10% de interés por depósitos a un año (en los anexos viene la tabla de esta inversión), un inversionista pone un certificado con diez millones de colones; esto significa que al terminar el primer año la persona habrá ganando un millón y al empezar el segundo año podrá invertir once millones. Si la persona continúa reinvirtiendo el dinero, al cabo de 8 años habrá logrado más que duplicar el dinero, ya que tendrá casi 21 millones y medio. Y si llega a 12 años habrá más que triplicado el dinero pues habrá acumulado más de 31 millones y si espera 15 años lo habrá cuadriplicado. En los anexos está la tabla correspondiente.

Es posible que si usted es latinoamericano, considere ridículo tener dinero y no utilizarlo por 8, 12, 15 años aunque en este tiempo duplique, triplique y cuadriplique el mismo. Pero si usted fuera japonés seguramente lo vería como algo muy lógico. Los latinoamericanos queremos todo ya, no pensamos a mediano plazo mucho menos a largo ¿Qué hace con diez millones hoy? Para una casa no alcanza, quizá pueda ampliar la que tiene, podría darse unas largas vacaciones por varios países o comprar un carro. Pero si usted invierte el dinero y espera en este ejemplo 15 años para cuadriplicarlo podrá ahora sí comprar una casa (podría ser la herencia de sus hijos para cuando sean grandes y mientras tanto podría alquilarla) o podría con ese dinero retirarse y vivir de los intereses mensuales, o tal vez poner un negocio con el que siempre ha soñado. Ninguna de estas cosas las alcanzaría si solo invierte los 10 millones por un par de años.

Hay personas, por ejemplo al tener un hijo hacen una inversión de 1 millón planeada a 18 años plazo, con el objetivo de sextuplicar el dinero y usarlo para los estudios. O invierten a 25 años para que se multiplique unas diez veces el monto inicial y así tener una buena prima para una casa.

Cuando hablo de multiplicar el dinero en un periodo de varios años no puedo olvidar la depreciación de la moneda y la inflación, estos fenómenos hacen que el dinero pierda capacidad adquisitiva, pero precisamente las tasas de interés suben cuando la inflación es alta para compensar. En la sección sobre crisis ampliaré el tema de la inflación.

Atrévase a arriesgarse

Hay personas que tiene mucho temor de perder su dinero si lo invierten. Algunos quisieran tener la plata debajo del colchón, aún en el siglo XXI pues piensan que es lo más seguro, ya que desconfían de los bancos. Cuando los bancos comenzaron a existir hace varios siglos eran instituciones sin tanto respaldo pues un banco era creado por algún comerciante que se había hecho rico y que ahora pretendía utilizar su experiencia para convencer a otros de que él podría multiplicar su dinero. Algunos eran genios que lograron mucho éxito, otros aventureros arriesgados que perdieron todo. Pero hoy en día hay toda una institucionalidad de regulación sobre los bancos, tienen seguros y en ocasiones respaldo del gobierno o de bancos más grandes en el extranjero. Que un banco deje de pagar a sus ahorrantes es algo realmente difícil, es mucho más probable que los billetes que una persona guarda como efectivo pierdan valor y pasen a ser simples papeles, y por tanto es mucho más riesgoso tener dinero bajo el colchón que en un banco.

Pero las cuentas bancarias pagan un interés muy bajo que apenas alcanza a la inflación y si la idea es obtener ganancias es necesario invertir en diferentes modalidades que evidentemente pueden fallar. Lo que las personas pueden hacer para disminuir el riesgo es invertir en diferentes industrias y diferentes empresas. La aversión a perder hace que muchos se limiten a ganar.

En internet salen anuncios de páginas para invertir, mencionan posibilidades muy buenas de ganar dinero y ponen testimonios de personas que supuestamente han podido dejar sus trabajos regulares y dedicarse a ganar con ellos. Conocí una mujer que invirtió su dinero en una de estas páginas, dice que por unos pocos días ganó algún dinero que no llegó recibirlo en efectivo, solo estaba en formato electrónico en la página. Un día específico la página se cayó, al volver había perdido todo lo que había ganado más lo que había invertido desde un principio. Evidentemente ella se sintió estafada. Pueda que algunas de estas páginas sean legítimas y permitan ganar, pero muchas son en definitiva un truco. A la hora de invertir hágalo siempre a través de empresas serias y estables pertenecientes al sistema financiero formal y reguladas por las instituciones gubernamentales correspondientes.

Qué hacer en tiempos de crisis

En el mundo la situación económica no es muy buena, vemos con frecuencia que se presentan crisis en diferentes partes. Por ejemplo Argentina es un país donde surge una crisis económica cada diez años aproximadamente. La crisis de los Estados Unidos en el 2008 tuvo muy serias repercusiones en todo el mundo. Europa también vivió una fuerte ola de crisis hace pocos años, por ejemplo en España el número de desempleados y de viviendas que no pudieron ser pagadas se disparó y veíamos en los noticieros como las personas eran desalojadas de sus casas para luego irse a meter de "ocupa" a la casa de alguna otra persona.

Lo que podemos concluir es que las crisis son un fenómeno que está a la vuelta de la esquina, en cualquier momento aparecen y entonces nos preguntamos ¿Qué debemos hacer en tiempos de crisis?

El primer consejo siempre es prudencia, aunque irónicamente esta prudencia generalizada también genera crisis. El fenómeno se llama confianza del consumidor, si todos los consumidores de bienes y servicios asumen que la economía estará mal en los próximos meses serán más prudentes para hacer compras, y si la gente se cuida de no comprar, los comercios tendrán problemas por las bajas ventas y pueda que hasta tengan que despedir personal, estas personas desempleadas serán las primeras perjudicadas por la crisis que la baja confianza del consumidor generó. Pero al final no podemos asumir en forma personal la responsabilidad de salvar la economía. Lo que usted debe hacer ante una crisis es poner más empeño en cumplir los buenos hábitos económico-financieros de los que venimos hablando en todo este libro. Si usted ahorra, en una crisis debe ahorrar más, si busca evitar deudas tóxicas en tiempo de crisis debe huirles más, etcétera.

Hay una frase que reza "en las crisis la plata no desaparece sino que cambia de manos" Esta frase podemos entenderla como que en las crisis se aparecen oportunidades para algunas personas. Como ejemplo está el caso del exportador de flores que perdió negocios después del 11 de septiembre del 2001, ya que las exportaciones se cayeron dada la histeria colectiva, los estadounidenses estaban más preocupados por comprar máscaras anti gas que flores. Entonces para solventar las pérdidas decidió vender una parte de su finca dividiéndola en lotes; como le urgía algún dinero para solventar la falta de ventas puso los terrenos en un precio barato, y por tanto todas las personas que le compraron un lote en ese momento sacaron provecho de la crisis. Puede que usted encuentre una buena oportunidad y no debe desperdiciarla, pero debe estar seguro, investigar bien y no tomar decisiones emocionales pues una mala decisión en medio de una crisis puede ponerlo en serios problemas.

Inflación ¿Qué es?

Cuando se presenta una crisis económica uno de los principales fenómenos que se dan es la inflación. La inflación no es más que la pérdida de valor del dinero. Nosotros usamos el dinero, luchamos por tenerlo y buscamos como utilizarlo de la mejor forma posible, pero pocos nos detenemos a hacer análisis filosóficos sobre qué es el dinero como tal. En el capítulo sobre ahorro se mencionó que hubo una época en la que no existió el dinero y la gente tenía que hacer trueques para comerciar, eso quedó atrás hace miles de años, pero el dinero necesita tener un respaldo para que valga.

El respaldo al dinero se lo da quien lo crea. Cada moneda como dólares, colones, pesos, yuanes, euros, etcétera, tienen un gobierno o una unión de gobiernos que las hacen, y las respaldan. Cuando esos gobiernos pasan por crisis es normal que las personas empiecen a desconfiar del dinero que ellos emiten ¿Si yo le ofreciera 100 millones de bolívares venezolanos por su televisor usted me los recibiría? Yo no le recibiría ni 1000 millones de bolívares por un lapicero, porque simplemente esa moneda no vale nada ni siquiera en Venezuela, mucho menos afuera, con esos 1000 millones yo no podría comprar nada pues nadie me los recibiría y ¿de qué sirve el dinero si no lo puedo utilizar ni para comerciar, ni para acumular valor?

El dinero no solo pierde valor porque la gente desconfíe de su emisor, sino porque el dinero tiene que ser un reflejo de la capacidad económica y si la economía no puede respaldar el dinero, este se convierte en simples papelitos de colores sin valor.

Entender la inflación puede ser un poco complicado, la forma más sencilla es comprendiendo el ejemplo clásico de un pequeño pueblo con una capacidad productiva limitada donde repentinamente aparece mucho dinero. Ilustrémoslo así: En la zona rural de un país muy grande hay un pueblo a semanas de viaje de cualquier otro donde viven 100 familias y solo 60 de ellas pueden permitirse comprar un pollo por semana, entonces el productor de pollos solo genera esas 60 unidades.

Un día aparece petróleo en el pueblo, un magnate se entera y llega en helicóptero, urgido en dejárselo antes que sus competidores le ganen el negocio; entonces decide comprar todas las propiedades cuanto antes y luego verá cuales tiene petróleo. Entonces con el alcalde organiza una reunión con todos los vecinos y solo para "demostrar su buena fe" este magnate le regala 1000 dólares a cada familia. Ahora todos en el pueblo son "ricos" porque tienen muchos excedentes de dinero, y así al salir de la reunión con el alcalde y el magnate todos quieren celebrar con una buena cena que incluye pollo rostizado, por cada una de las cien familias va una persona a la carnicería pero ahí solo hay 60 pollos. El carnicero al ver tanta fila decide subir el precio del pollo, todos se quejan y unos abandonan la fila, pero 80 personas siguen haciendo fila. Entonces el carnicero sube otra vez el precio, de nuevo hay quejas pero igual logra vender los 60 pollos que tiene ahí. Entre las personas que compraron está el panadero que viendo lo caro que se puso el pollo decide subir el pan, luego el verdulero viendo lo caro que están el pollo y el pan sube las papas, y el fenómeno sigue por todo el pueblo, porque cada comerciante sabe que todos tienen dinero y que los precios están subiendo por lo que no se pueden quedar atrás.

En resumen, el pueblo se convierte en el más caro del país con una inflación terrible porque de un día para el otro apareció mucho dinero pero la capacidad productiva del pueblo no ha crecido. En otras palabras el dinero no aportó riqueza real al pueblo, en la carnicería seguían habiendo solo 60 pollos, en la tienda no había suficiente ropa fina para todos, ni siquiera había en la ferretería herramientas suficientes para que todos los campesinos invirtieran en su finca lo que si hubiera aumentado la capacidad económica del pueblo. De este modo los precios subieron tanto que el dinero perdió valor y al igual que unos días atrás 40 familias siguen sin tener capacidad financiera para comprar un pollo.

¿Cómo podría en el pueblo incrementar la cantidad de dinero apoyando la economía y no perdiéndose en inflación? Con inversión real, por ejemplo si al pueblo llegara un banco nuevo que ofreciera préstamos para invertir algunas de las 40 familias más pobres hubieran podido iniciar un negocio nuevo, incrementando sus ingresos hubieran empezado poco a poco a llegar a comprar pollo a la carnicería por lo que el carnicero hubiera notado que con 60 pollos semanales ya no cubre la demanda y produzca un poco más, y así la economía iría mejorando, el dinero en el pueblo estaría respaldado por la capacidad real de producción que hay en el mismo.

Volviendo a la inflación tenemos que decir que no ocurre con frecuencia en la vida real que aparezca un magnate reparta dinero en un pueblo. Pero en muchos países lo que ha ocurrido es que el gobierno tiene que hacer pagos y no tiene dinero, entonces enciende la impresora de billetes y saca plata para pagar, esos billetes empieza a perder valor porque son papeles sin un respaldo real.

Qué hacer si la inflación crece mucho

Ahora que comprendemos mejor qué es la inflación, lo que usted tiene que hacer es conocer cuál es el nivel de la misma en su país. En Costa Rica una década atrás la inflación rondaba el 10% y era considerada alta, desde hace varios años no sube del 3% lo cual se considera positivo. Sin embargo no existe un número mágico pues la inflación es por naturaleza fluctuante.

Pero cuando en un país la inflación empieza a subir abruptamente y el gobierno y el Banco Central no parecen tener las herramientas para controlarla es momento para que usted tome decisiones. Algunos consejos que puede aplicar según la gravedad de la crisis que su país está pasando son:

- **No guarde dinero en efectivo, póngalo en una cuenta bancaria.** Usted tal vez es una de las personas que tiene un ahorro en efectivo, hay personas que por ejemplo guardan monedas. Pero si la inflación sube mucho ese dinero puede en poco tiempo perder mucha capacidad de compra. Por ejemplo, usted tiene bajo el colchón 100.000 con el cual podría hacer las compras de todo un mes, pero un año después para comprar lo mismo necesita 185.000. En otras palabras su dinero ya vale casi la mitad. Si lo tuviera en un banco la buena teoría dice que con una inflación alta los intereses tienen que subir lo suficiente para que esos 100.000 se convirtieran al menos en los 185.000 para que el dinero siga teniendo la misma capacidad. Aunque mencionaba en el apartado de inversión que hoy en día los bancos son instituciones mucho más estables que en el pasado, tengo que admitir que tener el dinero en un banco no garantiza del todo que está a salvo. En algunos países en momentos de crisis ha ocurrido lo que llaman "corral financiero" que consiste en una prohibición para sacar el dinero del banco, eso lo hacen los gobiernos por temor a que la gente gaste como loca todo el dinero y nadie la pueda controlar. Entonces tener capital en el banco y no poderlo usar es casi como no tener dinero del todo. Cuando algo así pasa es momento de pensar en el siguiente consejo.

- **Convierta su dinero en algo de valor.** Tal y como lo mencioné el ahorro es uno de los principios que permiten crecer por la escalera de las clases socioeconómicas, pero cuando la inflación es muy alta puede que los intereses no se ajusten y aún en el banco el dinero pierda valor, por lo que ahorrar no parece ser una buena idea, entonces consumir es la mejor opción. Pero en estos casos la clave está en saber que comprar.

Usted podría gastar todo lo correspondiente de su presupuesto para ahorro en productos como comida enlatada, así si en un futuro su país entrara en una verdadera crisis, mientras los demás pasan necesidad, usted podría mantenerse con la comida que compró. Otra opción que muchas personas han hecho a través de la historia es usar sus excedentes de dinero para comprar algo en lo que confían seguirá teniendo valor aún en la peor de la crisis y ese producto por lo general es oro.

Pero si acumular comida o comprar oro no parecen ser opciones lógicas puede tomar el siguiente consejo.

- **Invierta en moneda extranjera.** Algo muy práctico que es lo que se puede hacer si la moneda de su país está perdiendo valor todos los días es comprar dólares, euros, libras esterlinas, o alguna otra moneda fuerte; aunque en Latinoamérica lo lógico es comprar dólares estadounidenses. Aunque la economía de Estados Unidos no está exenta de crisis y también podría el dólar perder todo su valor, pero es menos probable que eso ocurra a que sea una moda latinoamericana la que pase a no valer nada.

Si los ciudadanos desconfían de la moneda de su país y buscan comprar moneda extranjera provocarán que la devaluación crezca, pero tal y como ya se mencionó no es su responsabilidad como individuo solventar o evitar la crisis de su país, usted tiene que evitar la crisis de su familia, así que si considera pertinente para usted comprar moneda extranjera hágalo y que el gobierno siga buscando como resolver la crisis que es su trabajo, si el gobierno no puede mantenerle a la moda nacional un valor real, usted no tiene la obligación de quedarse con esos papeles que alguna fueron billetes, usted puede cambiarlos mientras todavía valgan algo. Pues si bien la economía es el resultado de la suma de las decisiones de todos y por tanto todos podemos colaborar con su mejoría, no hay duda que lo mejor que usted puede hacer por la economía del país es evitar caer en la ruina, por el contrario, mantenerse o incluso crecer en tiempos de crisis es una forma de ayudar a todo el sistema.

La ventaja de comprar dólares es que no solo seguirán teniendo alto valor en su país sino en el extranjero, y esto es muy importante porque cuando la inflación es extremadamente alta pueda que usted tenga que seguir el siguiente consejo.

- **Tenga valores en el extranjero**: hay personas preparadas para casos tan extremos como una mega crisis en su país. Como mencionaba al inicio del libro, mi definición de alguien perteneciente a la clase media alta es una que no tiene presión económica y que está preparado para soportar eventualidades, entre estas está que su país tenga una gran crisis. Para prepararse para este problema algunas personas tienen cuentas e inversiones en moneda extranjera en bancos de otros países, o por lo menos en bancos internacionales y así en caso de pasar la penosa situación de abandonar su casa y su país, llegan al extranjero con algo más que una mano atrás y otra adelante. Sin embargo abrir una cuenta en el extranjero puede ser algo complicado, la persona deberá justificar muy bien las razones para hacerlo y la fuente de sus ingresos, deberá viajar al país donde tiene la cuenta con alguna frecuencia y tener mucho control con aspectos como impuestos en ambos países; en resumen tener una cuenta en otro país no es un consejo que funcione para todos.

- **Deje su país y vaya a otro donde la situación esté mejor**. Hay crisis tan destructivas que no dejan muchas opciones. Si para estos tiempos un venezolano me pidiera consejo le pediría como a cualquiera su información económica y financiera para analizarla, pero probablemente el único consejo sensato que podría darle es que salga de su país y busque nuevas oportunidades en otra parte. Una crisis como la de Venezuela puede destruir la economía de cualquier individuo incluida gente de clase alta que pasa a la clase baja. Algo muy importante aunque difícil de hacer es tomar la decisión de salir del país antes de que la crisis llegue a su apogeo. Así una persona podría vender algunas de sus pertenencias o incluso la casa aunque el precio sea muy bajo. Si la persona toma la decisión de irse antes de que la situación empeore mucho, también tendrá más posibilidades de entrar a otro país pues cuando un país está en una crisis muy severa es normal que a sus ciudadanos se les cierren las opciones de visas y permisos.

El conocimiento el último activo

Cuando una situación tan extrema sucede y las personas tiene que dejar todo atrás, llegan a un nuevo país con solo un valor: "su conocimiento" En el capítulo sobre educación se mencionaba que las habilidades y capacidades adquiridas son el último activo que conserva una persona en caso de que por razones extremas pierda todo. Tener un título universitario puede abrirle las puertas y permitirle obtener permisos de residencia y similares. Además de esto, abogo por una fuerza interna más que puede ser realmente el último recurso que le permita mantenerse a flote y es dominar por lo menos un oficio. Tener habilidades propias de un oficio puede permitirle conseguir un ingreso, ya sea en otro país o en propio, pues esto puede ayudarle tanto si su región está en crisis como en caso de que simplemente sea usted quien se ha quedado sin trabajo. Este es el caso de un señor que era administrador y trabajaba ejerciendo su profesión en una empresa grande; repentinamente fue despedido y no logró conseguir trabajo en su área, afortunadamente él también era electricista titulado y pudo conseguir trabajo desarrollando este oficio y por varios años fue la fuente de sustento de su familia hasta que volvió a obtener un trabajo como administrador. Siempre es bueno tener un último as debajo de la manga.

Sumario

Para poder comprender cuál es nuestra situación y emprender el camino hacia la estabilidad debemos entender los aspectos teóricos fundamentales sobre el dinero. En primer lugar existen diferentes clases socioeconómicas en las que se puede clasificar a la gente según su situación. La clase baja donde se ubican a las personas en pobreza se caracteriza porque las personas en ella tienen muchas carencias básicas como alimentación techo y comida. Muchos definen en la clase media a quienes logran satisfacer estas necesidades básica aunque tengan que hacer mil y un malabares para lograrlo, y por tato muchas personas definidas como miembros de la clase media viven con serios problemas de dinero.

Quienes logran entender cómo funciona el dinero y aprender a manejarlo pueden emprender el camino para escalar de la clase media a la clase media alta. Estas son las personas que desarrollan buenos hábitos económico financieros.

Las personas en la clase media alta tienen estabilidad económica, no tienen mayores deudas y logran hacer frente a todas sus obligaciones financieras y les sobra para viajar y comprar algunos lujos sin que esto signifique sacrificar aspectos importantes como el mantenimiento de su vivienda o el pago de la educación de sus hijos.

Entre los conocimientos importantes que hay que adquirir sobre el dinero está la diferencia entre economía y finanzas personales. La economía de una persona es buena cuando él o ella tienen bienes que le permiten tener una estabilidad a futuro, por ejemplo una casa o algunos ahorros. Otros ejemplos pueden ser ganado, máquinas y equipos para un taller y negocio entre otros. Las finanzas de una persona están estables cuando la misma tiene cada día el dinero necesario para hacer las compras y realizar los pagos que correspondan.

La persona de la clase media alta que está bien de dinero es quien tiene una economía fuerte y una estabilidad financiera bastante sana. Lo normal es que todos aspiremos a alcanzar la clase meda alta, a excepción de los ricos que están en un nivel muy superior en cuanto a economía y finanzas.

Quien ha desarrollado el hábito de manejar bien el dinero sabe que este sirve para tres cosas: para hacer compras, para comprar precios de diferentes productos y para retrasar el consumo. Este último aspecto significa ahorrar. A muchas personas parece que el dinero les estorba y sienten la necesidad obsesiva de gastarlo cuanto antes pues de las tres funciones del dinero solo conocer la primera: gastar.

Para alcanzar la añorada clase media alta es necesario que las personas desarrollen ciertas características como aprender nuevas habilidades constantemente, trabajar mucho y ahorrar. Además es necesario que aprendan a planear y controlar su dinero. Una de los primeros pasos para controlar su situación es hacer un presupuesto y ajustarse al mismo.

Nunca tome decisiones sobre dinero repentinamente, piense bien cada paso, si lo llaman de una financiera nunca acepte nada, pídales que le escriban para analizar la información, si se niegan a hacerlo es porque lo que ofrecían no era tan bueno y a ellos no les conviene que usted analice bien la oferta que le hacen.

De nada sirve que haga mucho esfuerzo por incrementar sus ingresos si en la misma proporción incrementa sus gastos. Es importante que desarrolle buenos hábitos de consumo, para lograrlo es necesario que "se quite la venda de los ojos" que las empresas nos han puesto engañándonos con ideas como que tener los productos más nuevos, la ropa más cara, los artículos más extravagantes nos darán felicidad. Aprenda a comprar con cierta humildad y verá como disfruta más de las cosas.

Priorice las necesidades, no deje que las "urgencias" consuman sus recursos, debe poner su atención en lo que es importante.

Compare productos similares y comprare el precio del mismo producto en diferentes tiendas y presentaciones. Usualmente comprar paquetes grandes de productos que consume con frecuencia puede ahorrarle dinero en vez de comprar todos los días pequeñas cantidades.

En cuanto a las deudas tiene que saber que hay dos tipos: las deudas palanca y las deudas tóxicas. Las palancas le permiten crecer, las tóxicas solo le darán problemas y lo empobrecerán. Es su trabajo aprender como manejar las deudas que tienen y desarrollar un plan para librarse de ellas. Debe saber que muchas empresas como financieras y tiendas de electrodomésticos ofrecen sistemas de financiamiento con el que ellos ganarán mucho a costa de sacarle a usted grandes sumas de dineros "en pequeñas cuotas"

Por tanto si usted es consiente que tiene que cuidar el dinero haciendo compras inteligentes y ahorrando, que debe pensar cada paso que da con sus finanzas, que muchas deudas son dañinas y debe evitarlas o eliminarlas si ya las tiene, usted estará en camino de subir por la escalera de las clases socioeconómicas y se estará encaminando a la prosperidad.

Anexos
Caso 1

Préstamo de ₡100.000 a un año plazo con un interés de 50% anual o mejor dicho 4,166% mensual

Mes	Deuda inicio de mes	Cuota mensual	Interés	Aporte al principal	Deuda final de mes
1	₡ 100.000	10.759	4.167	6.592	93.408
2	93.408	10.759	3.892	6.867	86.542
3	86.542	10.759	3.606	7.153	79.389
4	79.389	10.759	3.308	7.451	71.938
5	71.938	10.759	2.997	7.761	64.177
6	64.177	10.759	2.674	8.084	56.093
7	56.093	10.759	2.337	8.421	47.672
8	47.672	10.759	1.986	8.772	38.899
9	38.899	10.759	1.621	9.138	29.762
10	29.762	10.759	1.240	9.518	20.243
11	20.243	10.759	843	9.915	10.328
12	10.328	10.759	430	10.328	₡ 0

Tabla en colones con redondeo sin céntimos.

Total de intereses   ₡29.102,14
Total de pagos mensuales   ₡129.102,14
Total de los aportes al principal   ₡100.000,00

Notas:
-Este tipo de tablas siempre se hacen para llevar el control de un crédito, pero casi nunca las empresas que realizan los préstamos las muestran a sus clientes, pues si las vieran muchas personas lograrían comprender la realidad de las injusticias que se cometen y por tanto evitarían caer en la trampa de un crédito abusivo.

-Existen otras formas de calcular los intereses y las cuotas de un crédito, este es el sistema más simple pero sus créditos podrían estar siendo calculados con un sistema un poco distinto

Caso 2

Préstamo de ₡100.000 a tres años plazo 50% interés anual, 4,166% mensual

Mes	Deuda al inicio de mes	Cuota	Interés mensual	Aporte al principal	Deuda al final del mes
1	₡100.000	5.411	4.167	1.245	98.755
2	98.755	5.411	4.115	1.297	97.459
3	97.459	5.411	4.061	1.351	96.108
4	96.108	5.411	4.005	1.407	94.701
5	94.701	5.411	3.946	1.466	93.236
6	93.236	5.411	3.885	1.527	91.709
7	91.709	5.411	3.821	1.590	90.119
8	90.119	5.411	3.755	1.656	88.462
9	88.462	5.411	3.686	1.725	86.737
10	86.737	5.411	3.614	1.797	84.940
11	84.940	5.411	3.539	1.872	83.067
12	83.067	5.411	3.461	1.950	81.117
13	81.117	5.411	3.380	2.032	79.086
14	79.086	5.411	3.295	2.116	76.970
15	76.970	5.411	3.207	2.204	74.765
16	74.765	5.411	3.115	2.296	72.469
17	72.469	5.411	3.020	2.392	70.077
18	70.077	5.411	2.920	2.492	67.586
19	67.586	5.411	2.816	2.595	64.990
20	64.990	5.411	2.708	2.703	62.287
21	62.287	5.411	2.595	2.816	59.471
22	59.471	5.411	2.478	2.933	56.537
23	56.537	5.411	2.356	3.056	53.482
24	53.482	5.411	2.228	3.183	50.299
25	50.299	5.411	2.096	3.316	46.983
26	46.983	5.411	1.958	3.454	43.529
27	43.529	5.411	1.814	3.598	39.932

28	39.932	5.411	1.664	3.748	36.184
29	36.184	5.411	1.508	3.904	32.280
30	32.280	5.411	1.345	4.066	28.214
31	28.214	5.411	1.176	4.236	23.978
32	23.978	5.411	999	4.412	19.566
33	19.566	5.411	815	4.596	14.970
34	14.970	5.411	624	4.788	10.182
35	10.182	5.411	424	4.987	5.195
36	5.195	5.411	216	5.195	₡0

Tabla en colones con redondeo sin céntimos.

Total de intereses pagados en 3 años ₡ 94.810,09

Caso 3

Préstamo ₡100.000 5 años plazo, interés 64% anual o 5,33% mensual

Mes	Deuda inicio de mes	Cuota	Interés	Aporte	Deuda fina de mes
1	₡ 100.000	5.580	5.333	247	99.753
2	99.753	5.580	5.320	260	99.493
3	99.493	5.580	5.306	274	99.219
4	99.219	5.580	5.292	289	98.930
5	98.930	5.580	5.276	304	98.626
6	98.626	5.580	5.260	320	98.306
7	98.306	5.580	5.243	337	97.968
8	97.968	5.580	5.225	355	97.613
9	97.613	5.580	5.206	374	97.239
10	97.239	5.580	5.186	394	96.844
11	96.844	5.580	5.165	415	96.429
12	96.429	5.580	5.143	437	95.992
13	95.992	5.580	5.120	461	95.531
14	95.531	5.580	5.095	485	95.045
15	95.045	5.580	5.069	511	94.534
16	94.534	5.580	5.042	539	93.996
17	93.996	5.580	5.013	567	93.428
18	93.428	5.580	4.983	597	92.831
19	92.831	5.580	4.951	629	92.202
20	92.202	5.580	4.917	663	91.539
21	91.539	5.580	4.882	698	90.840
22	90.840	5.580	4.845	736	90.105
23	90.105	5.580	4.806	775	89.330
24	89.330	5.580	4.764	816	88.514
25	88.514	5.580	4.721	860	87.655
26	87.655	5.580	4.675	905	86.749
27	86.749	5.580	4.627	954	85.795
28	85.795	5.580	4.576	1.005	84.791
29	84.791	5.580	4.522	1.058	83.733

30	83.733	5.580	4.466	1.115	82.618
31	82.618	5.580	4.406	1.174	81.444
32	81.444	5.580	4.344	1.237	80.207
33	80.207	5.580	4.278	1.303	78.905
34	78.905	5.580	4.208	1.372	77.533
35	77.533	5.580	4.135	1.445	76.087
36	76.087	5.580	4.058	1.522	74.565
37	74.565	5.580	3.977	1.604	72.961
38	72.961	5.580	3.891	1.689	71.272
39	71.272	5.580	3.801	1.779	69.493
40	69.493	5.580	3.706	1.874	67.619
41	67.619	5.580	3.606	1.974	65.645
42	65.645	5.580	3.501	2.079	63.566
43	63.566	5.580	3.390	2.190	61.376
44	61.376	5.580	3.273	2.307	59.069
45	59.069	5.580	3.150	2.430	56.639
46	56.639	5.580	3.021	2.560	54.079
47	54.079	5.580	2.884	2.696	51.383
48	51.383	5.580	2.740	2.840	48.543
49	48.543	5.580	2.589	2.991	45.552
50	45.552	5.580	2.429	3.151	42.401
51	42.401	5.580	2.261	3.319	39.082
52	39.082	5.580	2.084	3.496	35.586
53	35.586	5.580	1.898	3.682	31.903
54	31.903	5.580	1.702	3.879	28.025
55	28.025	5.580	1.495	4.086	23.939
56	23.939	5.580	1.277	4.304	19.635
57	19.635	5.580	1.047	4.533	15.102
58	15.102	5.580	805	4.775	10.327
59	10.327	5.580	551	5.030	5.298
60	5.298	5.580	283	5.298	₡0

Tabla en colones con redondeo sin céntimos.

Total de intereses pagados en 5 años ₡ 234.820,48

Caso 4

Al terminar el mes 24 del caso 2 se empieza un nuevo préstamo a tres años. Para ese momento lleva pagado de los ₡100.000 originales ₡49.701,3 y ₡80.172,09 en intereses.

El monto inicial ahora es de ₡50.298,70 con una reducción de los intereses a un 45%

Mes	Monto al inicio de mes	Cuota	Interés	Aporte al principal	Monto al final del mes
1	₡50.299	2.569	1.886	683	49.616
2	49.616	2.569	1.861	708	48.908
3	48.908	2.569	1.834	735	48.173
4	48.173	2.569	1.806	762	47.411
5	47.411	2.569	1.778	791	46.620
6	46.620	2.569	1.748	821	45.800
7	45.800	2.569	1.717	851	44.948
8	44.948	2.569	1.686	883	44.065
9	44.065	2.569	1.652	916	43.149
10	43.149	2.569	1.618	951	42.198
11	42.198	2.569	1.582	986	41.212
12	41.212	2.569	1.545	1.023	40.188
13	40.188	2.569	1.507	1.062	39.126
14	39.126	2.569	1.467	1.102	38.025
15	38.025	2.569	1.426	1.143	36.882
16	36.882	2.569	1.383	1.186	35.696
17	35.696	2.569	1.339	1.230	34.466
18	34.466	2.569	1.292	1.276	33.190
19	33.190	2.569	1.245	1.324	31.866
20	31.866	2.569	1.195	1.374	30.492
21	30.492	2.569	1.143	1.425	29.067
22	29.067	2.569	1.090	1.479	27.588
23	27.588	2.569	1.035	1.534	26.054

24	26.054	2.569	977	1.592	24.462
25	24.462	2.569	917	1.651	22.810
26	22.810	2.569	855	1.713	21.097
27	21.097	2.569	791	1.778	19.319
28	19.319	2.569	724	1.844	17.475
29	17.475	2.569	655	1.913	15.561
30	15.561	2.569	584	1.985	13.576
31	13.576	2.569	509	2.060	11.517
32	11.517	2.569	432	2.137	9.380
33	9.380	2.569	352	2.217	7.163
34	7.163	2.569	269	2.300	4.862
35	4.862	2.569	182	2.386	2.476
36	2.476	2.569	93	2.476	₡ 0

Tabla en colones con redondeo sin céntimos.

Total de intereses en los 3 años   ₡ 42.177,56

Por los dos préstamos habrá pagado un total de ₡122.349,65 en intereses y solo le han prestado ₡ 100.000

Inversiones con un 10% de interés anual.

Año	Monto invertido	Intereses ganados	Acumulado a final de año
1	₡ 10.000.000,00	₡ 1.000.000,00	₡ 11.000.000,00
2	₡ 11.000.000,00	₡ 1.100.000,00	₡ 12.100.000,00
3	₡ 12.100.000,00	₡ 1.210.000,00	₡ 13.310.000,00
4	₡ 13.310.000,00	₡ 1.331.000,00	₡ 14.641.000,00
5	₡ 14.641.000,00	₡ 1.464.100,00	₡ 16.105.100,00
6	₡ 16.105.100,00	₡ 1.610.510,00	₡ 17.715.610,00
7	₡ 17.715.610,00	₡ 1.771.561,00	₡ 19.487.171,00
8	₡ 19.487.171,00	₡ 1.948.717,10	₡ 21.435.888,10
9	₡ 21.435.888,10	₡ 2.143.588,81	₡ 23.579.476,91
10	₡ 23.579.476,91	₡ 2.357.947,69	₡ 25.937.424,60
11	₡ 25.937.424,60	₡ 2.593.742,46	₡ 28.531.167,06
12	₡ 28.531.167,06	₡ 2.853.116,71	₡ 31.384.283,77
13	₡ 31.384.283,77	₡ 3.138.428,38	₡ 34.522.712,14
14	₡ 34.522.712,14	₡ 3.452.271,21	₡ 37.974.983,36
15	₡ 37.974.983,36	₡ 3.797.498,34	₡ 41.772.481,69
16	₡ 41.772.481,69	₡ 4.177.248,17	₡ 45.949.729,86
17	₡ 45.949.729,86	₡ 4.594.972,99	₡ 50.544.702,85
18	₡ 50.544.702,85	₡ 5.054.470,28	₡ 55.599.173,13
19	₡ 55.599.173,13	₡ 5.559.917,31	₡ 61.159.090,45
20	₡ 61.159.090,45	₡ 6.115.909,04	₡ 67.274.999,49
21	₡ 67.274.999,49	₡ 6.727.499,95	₡ 74.002.499,44
22	₡ 74.002.499,44	₡ 7.400.249,94	₡ 81.402.749,39
23	₡ 81.402.749,39	₡ 8.140.274,94	₡ 89.543.024,33
24	₡ 89.543.024,33	₡ 8.954.302,43	₡ 98.497.326,76
25	₡ 98.497.326,76	₡ 9.849.732,68	₡108.347.059,43

www.ingramcontent.com/pod-product-compliance
Lightning Source LLC
Chambersburg PA
CBHW020547220526
45463CB00006B/2220